江苏省教育科学"十三五"规划重点资助课题
"剖宫产儿童学习关怀的实证研究"成果
荣获"第五届江苏省教育科学优秀成果奖"

回归"原点"的教育关怀

许卫兵◎著

吉林教育出版社

图书在版编目（CIP）数据

回归"原点"的教育关怀 / 许卫兵著. — 长春：
吉林教育出版社，2021.7
ISBN 978-7-5553-9308-5

Ⅰ.①回… Ⅱ.①许… Ⅲ.①儿童教育—教育研究
Ⅳ.①G61

中国版本图书馆CIP数据核字（2021）第129047号

回归"原点"的教育关怀   许卫兵   著

责任编辑 邵 朋	装帧设计 言之凿

出版   吉林教育出版社（长春市同志街1991号   邮编   130021）
发行   吉林教育出版社
印刷   北京政采印刷服务有限公司

开本   787毫米×1092毫米   1/16   印张   12   字数   216千字
版次   2021年7月第1版   印次   2021年7月第1次印刷
书号   ISBN 978-7-5553-9308-5
定价   45.00元

序 言

真正的儿童研究

（代序一）

许卫兵的著作《回归"原点"的教育关怀》是江苏省教育科学"十三五"规划重点资助课题，"剖宫产儿童学习关怀的实证研究"的最终成果。在2015年课题立项时的异地评审中，他的选题和设计就获得了省外专家的高度评价，得分很高。现在五年过去了，他很好地完成了预定的研究目标和研究任务，顺利结项。

许卫兵是江苏省小学数学特级教师，教授级（正）高级教师，首批江苏人民教育家培养工程（江苏省财政厅专项经费资助五年的培养工程）的培养对象，可以说他在教师这一职业上所取得的成就已经很辉煌了。长期以来，他一直从事他自己的专业——小学数学教学的研究，并获得江苏省和教育部基础教育教学成果奖。立项前，许卫兵关于剖宫产儿童的研究就已经进行了几年，在省内有了一定的影响。与所有真正意义上的研究一样，他是对真实存在的问题产生了兴趣因而希望一探究竟，然后就一发而不可收，从2012年起步，持续深入地研究了八年。该项目立项时，我还是江苏省教育科学规划领导小组办公室的主任，专职负责管理全省从高等教育到学前教育所有的教育科学规划项目，多年的科研管理经验和从事研究工作的长期积累明确地告诉我，这是一项很独特的研究，是一项有前景的研究，这样的研究非常有意义、有价值。自然，在赞同和支持的背后，我也有担心和忧虑，因为据我所知，尽管许卫兵有很强的专业能力和专业学习能力，但明显缺少相应的医

学、生理学、生命科学的学术背景和相关训练作为他这项研究的支撑。五年的实践证明，他坚定地选择了一个对他来说是全新领域的研究，自信而从容地回应了研究过程中所面对的挑战和难题，带领由学校教师组成的骨干研究团队（涉及多个学科、多个领域、多个方向），进行了学习与探索相统一、思考与行动相一致、个体与群体共创造的学校教育科学研究，并取得了丰厚的研究成果，可喜可贺。

关于这项研究及其成果，我想从教育学研究的角度，表明以下三个相互联系的观点。

一、这是一项关于儿童成长的真实研究

最近十多年来，儿童研究成为中国教育界的前沿话题，讨论得很热烈也很"邪乎"，可以用"三多三少"来概括这种研究现状：关于儿童的漂亮口号和浪漫想象很多，关于儿童的抽象思辨研究很多，关于儿童的平均发展指数很多；关于儿童的真实研究较少，关于中国儿童的现实处境甚至困境的研究较少，关于我们身边的、具体的、活生生、多样化的儿童研究则更少。因此，中国的儿童研究基本上"飘浮在天"，充斥着美丽而动听的"童话语言"。

许卫兵把儿童研究放在了现实的语境中，体现了五方面的真实：一是选题的真实。基于现有文献的结论和身边剖宫产儿童在学习和生活中所表现出来的问题开展研究。二是研究对象的真实。研究的是一个个真实、生动而具体的儿童，而不是只存在于文献上、经过概括和提炼的抽象儿童或符号儿童。三是研究过程真实。有详尽的过程描述，以积累的大量的数据和案例为支撑。四是研究情境真实。多数情境是自然情境（非动植物学研究所称的"野外情境"），主要是生活情境和学习情境，有观察设计但不控制条件。五是研究结论力求真实。有问题就说有问题，没问题一定不说有问题，某个儿童的问题绝不简单地推论到其他儿童，更不推论到全体儿童。显然，这一系列的"真实"保证了研究的水平和质量，使此项研究有理有据令人信服。

二、这是一项关于儿童成长真相的研究

本研究的核心概念一是实证研究，力图运用实证研究的方法证实医学文献中关于剖宫产手术是造成儿童感觉统合、前庭平衡、触觉防御、本体感觉等方面失调的重要原因之一的猜想，证实其对儿童的成长存在着长期影响，至少在小学阶段的学习和生活中仍然表现得比较明显和普遍；二是采取有效的学习干预补救措施，证实是能够逐步校正剖宫产儿童成长中出现的问题的，从而使之健康成长。应该说，本研究运用了大量数据和案例在相当程度上证实了这一双重假设是正确的，并以出示个案的方式表明成人对孩子进行积极的学习干预具有明显的正向效果。

本研究所运用的实证方式，主要采用了观察、比较、个案等方法，但是许卫兵感觉不放心，认为"归因不够充分"。于是在"一人一案"的基础上，又采取了三项重要研究措施：一是拉长视线，增强连续性，将研究的时限拉长至七年，从学前一年到小学六年；二是拓宽视域，洞悉复杂性，多方面、多角度、多视野寻找儿童成长中出现问题的原因；三是调准视角，解密独特性，正确理解和把握个体和群体之间的关系，关注不同学科背景下儿童出现的学习问题。这样的措施有效地增强了研究的审慎性、严谨性和有效性，使真相不断"浮现"并被"逼近"。因此，我认为方法的选择是正确的也是合理的，是与研究对象相匹配、与研究任务相一致的。关于个案研究，我不太同意某些教育研究专家的观点，他们认为个案研究的"证据水平"是最低的，与真相距离最远。著名演化遗传学家、分子生物学家、德国马普人类演化研究所所长斯万特·帕博在《尼安德特人》一书中，关于古DNA的研究，从古埃及的木乃伊到尼安德特人、丹尼索瓦人，采用的均是所谓的"个案研究"，有时"样本骨头"独此一份，同样能获得前人所难以获得的直接证据，从而间接证实了人类多元起源的结论。自然科学的很多研究，都成功运用了个案研究，为形成研究结论提供了直接的证据，为何在教育学研究中不能充分而放心地运用？

必须指出的是，这里的"真相"还包括另外一层更深的含义。许卫兵

及其教师研究团队，在剖宫产儿童的研究中有更深刻的体验，就是得"回归生命原点，多一种眼光"看孩子，不能简单化地把孩子身上出现的问题归因于孩子的态度问题甚至是品德问题，而这恰恰是我们教师和成人经常犯的错误，却很少想到自己的责任。由此联想到，当许卫兵说"多一种眼光"时，我感受到的其实是"换一种眼光"，这就回到关于生命科学所阐述的重大命题上：人是自然的产物，需要按照自然的生长规律去发芽、拔节和生长，需要按照儿童成长的内在规律进行教养、教学教育活动，而绝不能违反成长的基本规律和原理，哪怕有最先进、最领先、最智能的科技手段助力，哪怕有最漂亮、最高调、最时髦的口号助威。

遗传学、生理学、生物学、脑科学等是教育学的基础，是科学认识人的成长和发展可能性、限制性的基础学科。而从事教育学研究的人经常无视这些学科取得的成果，想怎么说就怎么说，想怎么样就怎么样，能不出问题吗？剖宫产的"温柔一刀"和世界卫生组织的15%的控制线，提醒、警示了我们：无论人类发展到什么阶段，也不能为所欲为，不仅对生态环境如此，对教育教学也同样如此。

三、这是一项关于儿童成长的真正研究

我把"真正"理解为在"真实""真相"基础上的价值选择与意义重建。可以说在这项研究中最令人感动的就是其蕴含的价值和意义，以及全体教师所体现出来的教育的爱和智慧。

本研究中的一个核心概念是"学习关怀"，如何理解"学习关怀"？专著中没有进行明确而完整的界定和表述，但该概念已充分而鲜明地贯彻和体现在研究中，成为全部研究的核心和灵魂。研究中提供了十二个案例，涉及剖宫产儿童成长的方方面面，有语言学习的，有数学学习的，有视觉统合的，有口头表达能力的，有翻滚能力的，有跳绳协调性的，有学习能力障碍的，有问题行为的，有触觉防御的，等等。根据研究所涉及的范围，我想这里的"学习"就相当于"成长"，即心理学关于"学习"的广义定义：由经验导致的行为变化。因而，只要是学校里剖宫产儿童在成长过程中出现的问

题，无论是什么类型的问题，无论涉及的人数是多是少，全部被纳入了研究的视野，全部成为"学习关怀"的对象。关注每一个孩子，不让任何一个孩子掉队，就是此项研究的基本价值取向。

"关怀"二字是核心的核心、灵魂的灵魂。没有关怀和关爱，任何技术和程序都将失去价值和意义。专著中的十二个研究案例，每一个都凝聚了无数的时间和精力，每一个都体现了教师的细心、耐心和专心，每一个都体现了教师对学生深厚的爱和情感。但这种爱是冷静的爱，是专业的爱，是智慧的爱，不仅语数外三门学科的教师案例充分体现了专业基础上的爱，就是体育教师提供的滚翻能力和跳绳协调性的案例也非常专业、非常到位。学习能力障碍和问题行为的两个案例，既充分表现了教师的儿童行为观察的能力和水平、与儿童交流和沟通的技巧，又表现出了教师面对儿童行为不断反复的冷静和宽容及对其出现的一点点进步的由衷喜悦。难怪许卫兵把书名定为《回归"原点"的教育关怀》，没有教师的真实情感和强烈的责任感，没有教师持之以恒地与剖宫产儿童进行心与心的沟通与交流，没有教学干预和教学策略的专业性和有效性，这项研究是做不好也做不成的。

20世纪六七十年代普林斯顿大学天才生物地理学家麦克阿瑟有一句名言："任何科学的重大发现都不如保护好一小块热带雨林。"仿照他这句名言，我要说：任何教育科研项目的成就都不如小心翼翼地呵护好一个孩子的成长。而这正是这项研究甚至所有研究的终极意义所在。

彭钢

（国家督学，江苏省教育学会副会长，江苏省教育科学研究院研究员）

循证的教育才是真正的因材施教

（代序二）

许卫兵校长及其团队针对剖宫产儿童的教育研究可以算得上新时代因材施教的典范——循证，依据医学、心理学的研究成果，聚焦于剖宫产儿童的针对性教育。

哺乳动物经过千百万年的进化，坚持"哪儿进来哪儿出去"的规则，即遵循自然分娩的规律，母亲分娩后能迅速恢复，新生儿能更好地适应外界环境。

剖宫产是经腹剖切开子宫取出胎儿的手术。

产科学认为，当出现头盆不称（如胎儿头过大）、产道异常（骨产道或软产道）、产程过长（如第二产程延长）、胎位不正（如臀位、横位）、脐带脱垂或胎儿窘迫、高龄产妇（年过40岁）、产妇危急（如妊娠并发症）等症状时建议剖宫产。[1]剖宫产本是解决难产及母婴并发症，挽救母婴生命的一种手段，随着围产医学的发展（彩超和胎儿监护仪的广泛应用，输血、输液、水电平衡知识的普及）、麻醉和剖宫产技术（手术方式、手术缝合材料的改进）的提高、抗生素控制感染等措施的进步，剖宫产的安全性已获得社会的广泛认同。实践证明，恰当地应用剖宫产是挽救母婴危难的重要措施，确实为降低孕产妇病死率发挥了重要作用。[2]然而，人们观念意识的变化及医疗行为中诸多因素的介入致使剖宫产率越来越高。现实中实行剖宫产的原因

---

① 文彬，张玉凤，武俊青. 剖宫产术研究进展［J］. 生殖与避孕，2010（10）：705-709.
② 文晓剑. 剖宫产手术指征研究进展［J］. 医学理论与实践，2012（5）：531-532.

多为前胎是剖的、胎位不正、产程迟滞、胎儿窘迫、主动选择剖宫产、胎头骨盆不合称、前置胎盘、严重子痫前症、巨婴。[①]

世界卫生组织提出剖宫产率不得超过15%的规范标准。2020年1月7日出版的《美国医学会杂志》刊载了一篇关于中国剖宫产的研究，该研究表明，中国的剖宫产率2008年为28.8%，2017年上升到了34.9%，2018年上升到了36.7%（全球剖宫产率约为21%）。其实中国剖宫产率在20世纪80年代还低于5%，1990年以前也不超过10%。[②]

早期的临床医学研究更多聚焦于剖宫产对新生儿呼吸困难发生率显著差异的影响，[③]选择性剖宫产新生儿与自然分娩新生儿相比较，呼吸系统疾病发生率、RDS（新生儿呼吸窘迫综合征）发生率、TTN（新生儿短暂性呼吸窘迫）发生率均呈显著性差异（$P<0.05$）。[④]

有研究表明，剖宫产和自然分娩的新生儿出生第一分钟和第五分钟的Apgar评分（新生儿近期健康状况指标）比较，胆红素指数（诱发黄疸指数升高、造成听觉系统问题、损害中枢神经）存在比较明显的差异（$P<0.05$），该研究具有统计学意义。[⑤]另有研究表明，二者出生2～3天的NBNA评分（神经行为状况指标）比较，差异无统计学意义（$P>0.05$）；两组新生儿出生一天内的免疫指标比较，自然分娩组CRP（急性反应蛋白，在急性创伤和感染时其血浓度急剧升高）、IgA（新生儿最为重要的一类抗体，可以中和感染因子）水平显著低于剖宫产组，IgG（新生儿巨细胞病毒抗体，影

① 郑惟.剖宫产的历史发展及我国剖宫产手术指征的变迁［J］.齐齐哈尔医学院学报，2010，31（15）：2453-2455.

② 刘颖菊.剖宫产的发展及中国剖宫产率的变化趋势［J］.临床合理用药杂志，2018，11（17）：178-179.

③ 程雪芹.择期剖宫产与阴式分娩对新生儿呼吸困难影响的临床对比研究［J］.中国妇幼保健，2017（3）：507-509.

④ 郭玉蝉.剖宫产和阴道分娩对晚期早产儿呼吸系统疾病的影响研究［J］.哈尔滨医药，2018（1）：35-37.

⑤ 肖兵，熊庆.不同分娩方式对母儿健康的影响［J］.实用妇科杂志，2012（3）：147-148.

响免疫系统)、IgM(风疹病毒,影响免疫系统)水平显著高于剖宫产组($P<0.05$)。这说明自然分娩可以改善新生儿的免疫功能,而剖宫产可能降低新生儿的免疫能力,增大预后不良的风险。[①]

医务工作者从关注剖宫产儿童的健康状况到关注其生长发育乃至智力发育状况。有研究表明,在语言和社交行为发育上,自然分娩儿高于剖宫产儿。[②]有研究表明,剖宫产儿童的PDI(心理运动发育指数)显著低于自然分娩的儿童($\beta=-0.292$,$P<0.001$),追踪发现,早期监测和干预有助于改善剖宫产儿童的运动发育。[③]还有研究探讨了不同分娩方式对婴幼儿体格和智力发育的影响:采用贝利量表(CDCC)进行智力检测,发现医学因素剖宫产婴儿的出生体质量高于自然分娩组婴幼儿的和社会因素剖宫产组婴儿($F=4.208$,$P<0.05$);6月龄、12月龄医学因素剖宫产组婴幼儿的体质量高于社会因素剖宫产组婴幼儿($F=5.012$,$P<0.05$)和自然分娩组婴幼儿($F=4.124$,$P<0.05$);6月龄自然分娩组婴幼儿的智力发育指数(MDI)高于社会因素和医学因素剖宫产组($F=7.671$,$P<0.05$);6月龄、12月龄自然分娩组婴幼儿的运动发育指数(PDI)高于社会因素($F=3.983$,$P<0.05$)和医学因素剖宫产组($F=3.983$,$P<0.05$)。[④]

心理学领域也有不少对剖宫产的研究报告。2007年全国心理学学术会议上,石玥在《昆明市4~5岁非医学指征剖宫产儿童注意发展特征初探》报告中强调"剖宫产对儿童脑功能、感觉统合能力、认知功能及母子情感有不利影响";2010年北京大学第一医院产科主任杨慧霞教授在参加"分娩及喂养方式对婴儿健康的影响"会议时指出,不经过产道挤压生下的孩子,不仅患上湿肺和感统失调的概率更高,近年来的研究还证明,他们日后更容易出现

① 李世荣,周永丽,陈楚燕.择期剖宫产及阴式分娩对新生儿Apgar评分及NBNA评分的影响[J].中国当代医药,2016(11):57-59.

② 欧萍,洪淑琼,魏安玲.剖宫产与自然分娩对婴幼儿生长发育的影响[J].海峡预防医学杂志,2002,8(6):75-76.

③ 李素月.不同分娩方式对婴幼儿生长发育的影响[J].中国妇幼健康研究,2014(6).

④ 刘婷婷,黄亮.不同分娩方式对婴幼儿生长发育状况的影响[J].中国妇幼保健,2017(15).

过敏等免疫系统问题。有研究指出，"剖宫产通过影响前庭失调和触觉过分防御维度导致感统失调的检出率高于自然分娩的儿童"，[1]也有研究表明，真正导致儿童听觉注意和听觉警觉性问题的并非剖宫产本身，而是医学原因剖宫产中造成胎儿风险的医学指征。[2]

我所主持的《儿童入学成熟水平诊断研究》项目，在线上诊断量表测评系统中将出生方式作为必填人口资料，旨在了解出生方式对儿童入学成熟水平是否有影响，在哪些方面有影响。在对已有的近4万个样本的统计研究中，发现确实如前面医学和心理学研究的结果一样，剖宫产显著负向预测了儿童视知觉、听知觉、知觉转换、社会适应的发展。例如，在视知觉方面，剖宫产儿童在图形背景辨别能力（严重影响儿童视觉注意力、整体与部分转换能力、学习语文时找生字词、阅读中找中心语句、数学应用题、几何学习等）与普通儿童相比存在极其显著的差异（$P=0.033$）；在听知觉方面，剖宫产儿童在听觉注意（$P=0.004$）、听觉记忆（$P=0.002$）两个方面与自然分娩儿童存在极其显著差异，负向预测其课堂学习效率、听觉记忆作业、外语口语学习、语文学习中背课文效率等方面的表现；在运动协调方面，剖宫产儿童跳绳测验得分显著低于自然分娩儿童（$P=0.042$），负向预测其技能技巧学习方面的表现。在数据分析中还发现了剖宫产儿童在小学时在知觉转换的编故事选项（$P=0.035$）、社会适应的自我效能选项（$P=0.011$）等领域上与自然分娩儿童的差异，而且还发现即便是剖宫产儿童彼此之间，医疗性剖宫产儿童和选择性剖宫产儿童在其他不少能力点上也都存在差异。这与剖宫产剥夺了婴儿通过产道挤压、子宫收缩和对胎盘挤压的拮抗进行本体感和触觉学习的机会，进而造成其挫折感强、交流沟通和分享能力差、人际关系紧张、孤僻或过度黏人等问题相关。

[1] 何鸿雁，张艺，杨艳.分娩方式对学龄期儿童感觉统合各维度的影响［J］.中国儿童保健杂志，2013，21（12）：1336-1338.

[2] 田晓博，赵亚茹，马健，等.剖宫产对学龄期儿童注意力影响的研究［J］.中国当代儿科杂志，2009，11（11）：913-916.

1993年我在美国波士顿学院学习时，约翰逊教授组织的一次剖宫产与儿童感觉运动统合问题的讨论让我开始关注剖宫产儿童的教育问题，后来在相关著作（《特殊需要儿童咨询与教育》《儿童生理问题咨询》《儿童心理问题咨询》《儿童学业问题咨询》《儿童发展问题咨询与辅导》等）和讲学中有所提及。我在儿童咨询实践中指导了不少家长与教师如何正确对待剖宫产儿童，当年在北京师范大学实验小学做书记时也曾有过开展教育实验的冲动，但是由于种种原因未能实现，没曾想许卫兵校长及其研究团队居然将其列为教育实践的主攻方向，替我实现了愿望，何其有幸？！

循证的教育好比医生对症下药，根据学生的特点和特殊需要采取有针对性的教育训练措施，既扬长避短，又扬长补短，因材施教，缩小了儿童的共性差异，通过科学的教育方式实现教育的公平与民主，进一步推动人类和社会的进步，了不起的许卫兵！

是为序。

钱志亮

（北京师范大学教授、教学名师，写于2020年初夏）

触摸教育的另一道风景

（自序）

从1987年于江苏省如皋师范学校毕业走上工作岗位算起，到2012年的这二十五年间，"剖宫产"这一医学研究话题从未进入过我的视线。

2012年暑假，江苏省海安实验小学邀请北京师范大学钱志亮教授回老家讲学。他的《回到原点看人》的学术报告，用一系列数据为我们揭开了神秘而又神奇的生命世界。例如，每个人来到这个世界的概率：爸妈结合是1/30亿；爸爸一生可能"播种"2000次，种"我"的概率为1/2000；"播种"的那次正好在妈妈第100～249次排卵期，即1/666；唯一受精概率是1/10亿。又如，生命在娘胎的发育：每2个受精卵只会有1个成功着床；每8个着床后的受精卵中在生命孕育的278天中，由于各种各样的原因，就有一个胎死腹中；每15个人出生的时候还会有1个遇到出生障碍——和妈妈一起过不了鬼门关……其中，最吸引我的还是有关剖宫产的理论。

严格意义上讲，剖宫产并不是自然分娩方式，只是解决难产问题的一种手段。亿万年来的生命进化，为人的孕育和出生都设计好了一系列不可或缺的程序。孩子怎么来到人世间？答案只有一个：由妈妈生出来。这一过程必不可少且无法逾越。但是，随着医学的发展，剖宫产手术可以替代自然生产了。于是，问题来了：妈妈自然生产这一"既定程序"被"省略"了，会对孩子产生影响吗？钱志亮教授认为，剖宫产在一定程度上剥夺了孩子初始的几种技能的学习机会，如呼吸学习、前庭平衡、触觉防御、本体感等，这些都可能会引发呼吸道疾病、感觉统合失调、视弱、免疫力降低、亲子交流障碍等。

剖宫产理论之所以会引发我浓厚的兴趣，更在于它把我的研究视角从孩子的出生方式引向了对后天成长尤其是小学生在校学习表现的现实关注。如果真如相关理论所说的那样剖宫产对孩子日后的成长会有众多影响，那这些影响是如何发生的？从哪些方面表现出来？作为一名教育工作者，我们是否能敏锐地捕捉到这些"异常"表现？又如何基于孩子的生理基础和现实表现进行积极干预呢？我们是否会因为缺乏对剖宫产最基本的认识而不能正确对待孩子学习与成长过程中出现的种种迹象、问题、错误等，甚至过度地批评孩子、指责孩子、打骂孩子呢？各种迹象、问题、错误的发生，对不同的个体而言，是偶然还是必然？随着年龄的增长，剖宫产衍生的各种问题会不会逐渐消失？在什么时候、哪个阶段消减或消失？……一大堆问题萦绕在我的脑际。

经过一番检索我发现，医学界关于剖宫产的研究还真不少：在"中国知网"做文献检索，与"剖宫产"有关的结果超过10万条；世界卫生组织专门发布了"剖宫产率不高于15%"的控制线；对于分娩方式对学龄前、学龄期儿童感觉统合功能、气质、行为、注意力、智力影响等的研究都有相关资料可以查询，甚至还有关于"滥用剖宫产术对中国传统生育伦理的影响"的研究；全社会也在寻找我国剖宫产率较高的原因，讨论解决的办法……然而，从学校教育和学科教学的角度来研究剖宫产儿童成长的资料却是凤毛麟角。当教育学、心理学这两大教育理论支柱愈渐丰满和成熟时，为何生物学、生理学、生命科学理论却没有得到教育人的高度重视呢？是系统性专业缺失，还是有意无意地忽视了？

从那以后，我开始关注这一敏感话题，查找了一些关于剖宫产儿童在学习方面可能出现的状况的资料，如在视觉方面，其会比较粗心，阅读时漏字串行，翻错页码，常把数字或文字颠倒写，字的大小不一，出圈出格；在听觉方面，其对声音来源的辨识力可能不足；在语言发展方面，其可能开口说话晚，有口吃或口齿不清的现象；在本体感觉方面，其可能不会跳绳、拍球；在前庭平衡方面，其观测距离可能不准，可能左右不分，转圈就晕，不记路，可能常有头晕或跌倒的感觉……（引自钱志亮"腾讯微讲堂"视频讲座：《剖宫产幼儿的家庭早期干预——只缘妈妈未"亲生"》）。

有了这些稍显具体的现象描述，我就开始了在现实生活中的个案研究。

一天放学，我在校门口遇到了保安队长，他和我聊起其女儿的数学学习情况。当时，他女儿刚刚进入小学一年级，比较明显的学习表现就是学的东西都懂，但一动笔就出问题：看错数字，忘了写得数，空着题不做，甚至考试不写名字……总体看来就是非常粗心。我一想，这跟专家描述的剖宫产儿童的问题状况很相似，于是就询问他女儿是不是剖宫产出生的。他听后颇为惊讶，眼睛直直地看着我说："是啊，这和剖宫产有什么关系吗？"我告诉他，剖宫产的孩子在视觉方面可能会出现一些"状况"，主要是观察不细致，容易看错数字、阅读漏行。我还跟他说，不要轻易责怪孩子，要多多提醒她在阅读时放慢速度，看清看细，或者用手指点着读；随着孩子年龄的增长，这些差异会逐渐消减等。保安队长一边听，一边若有所悟地点着头。自那以后，他很少因为这些问题指责孩子，用心呵护孩子成长。而今，他女儿已经上初二了，那些粗心现象已经很少见了，各方面的发展都非常好。

"初战"告捷，我开始找到点感觉。但让我万万没有想到的是，发生在我和保安队长之间的故事，同样"复制"到了我和其他几位家长朋友的交流中，在我问出"你的孩子是不是剖宫产的"这一问题后，命中率极高。我相信了，剖宫产绝不是"温柔一刀"，其对孩子产生的影响一定会在后天学习中有所表现，只是这种表现会因人而异，或多或少，或隐或显，需要我们细致地观察。当然，和保安队长一样，几乎所有和我交流过的家长对剖宫产的认识都微乎其微，他们都很关心孩子的学习和成长，可也从来没有想过把孩子的学习表现与其出生方式挂钩。其实，何止是家长，很多教师也从没想过。教一批孩子难道还要问他们是不是剖宫产的吗？看来，给予剖宫产儿童以特别的关注、特殊的关怀不仅有必要，而且很现实、很重要。

在持续进行了三年自主研究之后，2015年，我申报的"剖宫产儿童学习关怀的实证研究"获批江苏省教育科学"十三五"规划教育家培养工程对象重点资助课题，我们开始系统地关注剖宫产儿童在日常生活和学习中的表现，有意识地进行比照研究，并采取积极的干预措施。我们的研究方法、形成的资料、发表的文章，吸引了很多人的注意，特别是一些典型案例中所描述的现象、在学习方面的积极干预措施与其产生的良好效果等，引起了不小的反响。这些不断地激发我们的研究热情，增强了我们的研究信心。

本书是对"剖宫产儿童学习关怀的实证研究"课题研究过程中，理论与实践方面的一些梳理、概括与总结，所呈现的案例均来自对真实儿童的研究。回顾几年的研究历程，总体上看，该项研究既顺利又艰难。说顺利，是因为包括幼儿园教师、小学教师、医生、高校教科研专家在内的整个研究团队都非常用心，十分努力，研究按照预定的计划向前推进；说艰难，是因为国内外开展相关研究的人员非常少（尤其是一线教学人员），参考资料不多，研究过程中还需面对保护儿童隐私、避免贴标签、儿童个体差异性大、问题归因复杂、跟踪连续性不够、研究缺乏系统性等实际问题，尤其是难以展开大数据分析，这使得我们不得不将研究的视线从群体转向个体，从理论走向实证。当然，这丝毫没有降低我们的研究热情，我想也不会降低我们研究的价值。

日本著名教育家小原国芳在《完人教育论》中说："每个人都是'天上天下唯我独尊'、无法与世界其他诸物互相置换的大宇宙。这些大宇宙在通过自身的发展完善而发挥各自的天性时，将呈现出一个其他任何东西都不能代替的、松竹有别菊堇各异的、独一无二的美妙世界。"不断发展的生命科学正在为我们解开一个又一个"生命密码"，与之相适应，教育也必须有更多的生命关怀，多一种眼光看孩子、爱孩子，可以让我们更好地走近儿童、读懂儿童、引导儿童、成就儿童。

许卫兵

2020年1月26日，正月初二

目 录

按照进化论的特点，人生下来的时候并不是一无所有的，他已经有了"心理预置"，没有人能够"从头"开始。人在诞生的同时进入了文化的"外在装置"，这种文化装置是由人类的祖先积累并传给后代的。鉴于此，有人讲"人的一岁也可能是一百亿岁"。整个人类的进化痕迹多多少少会在刚出生的孩子那里得到体现。

人乃万物之灵，但也是宇宙中的一个物种，生物遗传性是人类最基本的自然属性。有些遗传性是我们很熟悉的，有些则非常陌生。对这些陌生领域的探索不断成为现代科学研究的新主题，也成为研究人的生命发展的永恒课题。

人类祖先从树上来到地面两足行走至今大约有170万年，人的基因里已经刻印了一整套的自然规律，只有了解和熟悉人的生命孕育过程，我们才会更加感慨生命的伟大，才会更加理解为什么要尊重生命、敬畏生命、爱惜生命，才会发自内心地把每一个孩子都看成是与众不同的"小宇宙"。

孩子是一个奇迹。通过生产，一个新人进入世界……那新生者是一个独特的个体，这个个体将发展其自身的意识、自身的自我和自身的认同性。这不仅仅是一个有机体，不仅仅是一个生理上的新创造，生活通过那独特的孩子而更新，在这种独一无二的新人中的生命更新是一个奇迹。

十月怀胎，一朝分娩。一个人来到人世间，渠道只有一个，那就是妈妈生出来，即自然分娩。随着科学技术的进步，人们可以通过医疗手术把孩子直接从妈妈的肚子里抱出来，即剖宫产。理论上，自然分娩是人类繁衍生息的必然生理过程，而剖宫产只是解决难产和需要迅速终止妊娠的非自然分娩方式。

剖宫产手术就像一把"双刃剑"，可以免去母亲遭受的阵痛之苦，难产时可以挽救母婴的生命……但也有风险，会发生意外，甚至会留下后遗症。对于孩子来说，由于缺少了出生前的必要"准备"，缺少了出生过程中的"抵抗"母亲子宫收缩、产道挤压等经历，也会在多个方面产生"不适应"。

世界卫生组织提出：理论上，任何国家或地区的剖宫产率都不应超过15%。然而，随着科学的进步、医学的发展、人们观念的转变及诸多社会因素的影响，近二三十年，剖宫产率在我国呈现快速上升趋势，且居高不下。这一问题引发了人们的广泛关注和深入讨论，甚至上升到伦理层面。

第三章　剖宫产对儿童发展的影响 **27**

你的人生中，只存在唯一的伟大起点和终点，没有另一个与你经历同样人生的人。我相信每个人都有其独特的价值，每个人都是出色的，每个人都蕴藏着无数平时难以发现的潜能和智慧。

首先，你必须发现它们。

第一节　感觉统合 **28**

感觉统合是指大脑将从身体器官传来的感觉信息进行组织分析、综合处理从而做出正确决策，使整个机体和谐有效地运作的生命活动。自然分娩时，胎儿的身体、胸腹、胎头有节奏地被挤压，这种刺激信息被外周神经传递到中枢神经，形成有效的组合反馈，使胎儿能以最佳姿势、最短路线、最小阻力顺应产轴曲线而下。剖宫产时胎儿完全被动参与，缺少了必要的"刺激考验"，日后易发生"感觉统合失调"。

第二节　前庭平衡 **36**

前庭平衡负责掌管平衡感，主要的功能为侦测地心引力，当个体进行加速或减速活动时，会本能调整头部倾斜的位置，以维持身体的平衡，在撞到东西或跌倒时能即时反应，保护身体。自然分娩时，产道的挤压会刺激胎儿的触觉、本体感觉和前庭平衡觉，同时刺激大脑细胞的活跃。而剖宫产的胎儿直接被人从温暖舒适的羊水中拽到外部世界，失去了一次重要的前庭平衡觉的练习过程。

第三节　触觉防御 **40**

触觉是接触、滑动、压觉等机械刺激的总称。触觉系统是人体最大的感觉系统，有效的触觉功能是指中枢神经系统能过滤或抑制从环境中来的不必要的感觉。如果触觉神经和外界环境不协调，从而影响大脑对外界的认知和应变，就会形成触觉失调。发生触觉失调的原因除了保胎、孕妇缺乏运动使得胎儿较少有机会与胎盘内壁接触而失去早期学习的机会外，剖宫产也是其中之一。

本体感觉又叫运动觉，是指肌、腱、关节等运动器官本身处在运动或静止等不同状态时产生的感觉。人体依靠这种感觉进行动作和行为的调节，有目的地控制肌肉的收缩和松弛，使动作灵活和灵巧。如果缺少本体感觉，身体的动作机能就会不协调，甚至会有迟缓、笨拙等的表现。婴儿出生的过程是较早且十分重要的本体感觉学习过程。

智力是指人认识、理解客观事物并运用知识、经验等解决问题的能力，包括记忆、观察、想象、思考、判断、推理等。这里的"智力发展"，主要是指学习能力。综合多方面的研究资料，得出基本的结论是：剖宫产对儿童智力水平的发展没有明显影响。

万物皆有时，四时皆有序。每个孩子都是千年莲花的种子，尊重它（他）原来的样子，以它（他）本来的样子爱它（他）。

"面向事实本身"是现象学的基本精神和态度，即在研究各种事物时，我们要先"停止判断"，中止所有的意向性，并保持所有信念的中立化，回归到"现象之本质"，在"面向事实本身"后再"朝向活生生的事情本身"。这是我们给予剖宫产儿童学习（成长）关怀的首要原则。

第二节　积极的关怀行动 ·················· **64**

　　做好观察、调查、分析，只是我们实施剖官产儿童关怀研究的第一步。更重要的是，对症下药，精准施策，结合实际进行积极的干预，给他们以更多的行动关怀。

第三节　特别的爱给特别的"你" ·················· **72**

　　任何教育科研项目的成果都不如小心翼翼地呵护好一个孩子的成长。我们比较多地用观察、记录、描写、访谈等质性方式进行案例研究，努力通过众多的"这一个"来探寻剖官产儿童学习（成长）关怀的实践路径和可行经验。在案例研究中，你会感觉到所有的理论都"活"了，所有的行动都充满着温情和力量。

第一章

人的一岁也可能是一百亿岁

　　按照进化论的特点，人生下来的时候并不是一无所有的，他已经有了"心理预置"，没有人能够"从头"开始。人在诞生的同时进入了文化的"外在装置"，这种文化装置是由人类的祖先积累并传给后代的。鉴于此，有人讲"人的一岁也可能是一百亿岁"。整个人类的进化痕迹多多少少会在刚出生的孩子那里得到体现。

——杨九俊：《理解儿童》

第一节　人，是自然界的产物

　　恩格斯说："人本身是自然界的产物，是在他们的环境中并和这个环境一起发展起来的。"这一论断从社会学的角度说明了自然环境是人类生存、繁衍的物质基础。从生物进化的角度来看，作为大自然中的一个物种，人也是自然界的产物——从原始生物进化到原始人，从原始人进化到现代人。在进化过程中，就出现了各种各样的遗传性：身体构造、生理机能、生息繁衍、生命节律……不仅人如此，万物皆然。

　　最直接、最可感的要算生物钟了。时间在我们的基因里留下了深深的烙印。《生命的节奏》一书里有以下陈述：[①]

　　"细胞是进化过程中的奇迹，因为它们是构成生命的基本物质。在其众多的神奇功能中，最令人称奇的就是它们可以感知时间。从简单的细菌到蠕虫、鸟类，当然也包括我们人类，万物生灵都具有生物钟。之所以会这样，原因很简单：一切生物都在一个自转周期为一天的星球上进化、生活，寒来暑往，斗转星移，自古皆然。"

　　"我们体内的大部分活动，我们的生理、生化状态都是有节律的，表现出一种明显的昼夜差异。心跳和血压、肝脏功能（包括很重要的解酒能力）、新细胞的形成、体温以及荷尔蒙的分泌，这些都表现出一种昼夜变化。"

　　"自然界存在着各种各样的生物节律，从昼夜节律、月节律到年节律

---

① ［英］拉塞尔·福斯特，利昂·克赖茨曼. 生命的节奏［M］. 北京：当代中国出版社，2004.

不一而足。鸟儿一早起来捕捉虫子；睡鼠靠冬眠度过冬天；同种花朵在每天同一时刻绽放、凋零；蜜蜂如同事先安排好似的奔向最富足的蜜源；矶沙蚕按照月运动周期每年聚集一次；银汉鱼永远按照潮汐的规律来产卵；每隔13～17年，蝉才会有一次为期两周的发情期。就像我们人类依靠钟表、日历来掌握时间一样，其他有机体也是受时间支配的生命，自有它们的一套计时方式。"

"早在30多亿年前，上苍就在这个星球上的所有生命体内放置了一架精密的生物钟。" "要想了解生物钟在人身上的作用机理并不简单，但是我们可以从其他生物身上获得线索。通过对苍蝇、老鼠、鱼及其他许多生物的研究，人类已经逐渐知晓，上苍是如何给生灵设计了这样一架精巧无比的时钟，而且还与所处的环境严丝合缝。"

…………

很显然，生物钟"迫使"有机体按照天体时间来改变其行为的优先性，并使之变成一种自然而然的"内生"节律，在不知不觉中控制着我们的行为：饿了就要吃饭，渴了就要喝水，困了就要睡觉……这些，我们早已习以为常。虽然人类可以进行某种程度的"自我克制"，如身体告诉我们该睡觉了，我们仍然可以再喝一杯咖啡，或出去溜达调节一下，但迟早还是要睡觉的，更不可能通过调节永不睡觉。事实证明，任何试图与这样的"内生"节律"对抗"的行为，都需要付出不小的代价，甚至会变得非常糟糕。

人乃万物之灵，但也是宇宙中的一个物种，生物遗传性是人最基本的自然属性。有些遗传性是我们很熟悉的，如吃饭、睡觉、生老病死；有些则非常陌生，如生物进化论认为，人在母胎里相对成熟的孕育应当是21个月，而不是9个月。在母胎9个月时胎儿的脑量只有25%～30%，四五岁时幼儿的脑量才接近成人水平，且人需要20年才能完全成熟。所以，我们讲的"童年"这个概念，在世界上通用的是指"18岁以下"。在长期的进化过程中，人类形成了"十月怀胎"这种规律。也许有人要问，为什么个体不等成熟了再离开母胎生下来呢？答案是不可能。因为等到个体完全成熟了，再想离开母胎就没有办法出来了——胳膊、腿脚等其他器官都长大了。所以，虽然个体不成熟就离开母胎会有很多风险，但是这个不成熟性形成了人在孕育和早期生长中的一个非常重要的特点。人们通过考察动物成熟期，发现越聪明的动物成熟期越长。以灵长类动物的成熟期为例，狐猴为2.5年，恒河猴为7.5年，大猩猩为10年，而人的成熟期则长达20年。根据国外一些学者的观点，"幼态持续"非常有利于生物保持童年的特征，保持好奇心和行为的灵活性。成熟期的漫长使得人类形成了适应进化的战略，可以让大脑长得更大以便于进行行为的学习。还有的学者强调，"幼态持续"就是一种信念，即人类的健康生存有赖于儿童期的部分行为保持到成熟期甚至老年期，这类行为有欢笑、惊奇、信任、开放态度和好奇心等。杜威则认为，从教育人的角度来说，儿童未成熟状态的优点，就是使人们能解放儿童，无须走过去的老路。假如人生下来就成熟，那么预先设定的东西就起决定性的作用。所以，教育的任务在于使儿童从复演过去和重蹈覆辙中解放出来，而不是引导他们去重演以往的事情。①

站在这样的立场上，有学者指出："教育不能停留于保护，还得以真、善、美引领孩子的成长。学校是否是真正意义上的道德共同体，衡量的低标准是'保护'，衡量的高标准是'向上'，即能否引领学生向真、向善、向美。""无论是保护还是引领，最终目的是让学生健康地走出学校，脱离学校这一共同体的束缚，走向更为广阔而壮丽、更为复杂而多样的世界，而不是让学生沉溺于学校教育的幸福之中，乐不思蜀，乐而忘忧，不思大事、国事、天下之事。""良好的教育就是帮助人摆脱自我局限束缚的教育，而不是强化自我、自私、自恋、自傲、自作的自我中心主义。良好的教育既是使学生摆脱'小我'走向更为广阔世界的过程，也是通过'他者'和世界培育更大自我（眼光和胸襟）的过程。因而，学校是学生必然要摆脱、要超越、要离开的地方，是一个具有'自由'和'解放'性质的共同体，无论它是多么的幸福、温情和舒服，学生也必须挣脱和离开。""培养追求真理的人、

---

① 杨九俊.理解儿童［J］.江苏教育研究，2012（3）：3-8.

具有批判意识和精神自由的人，是现代学校教育的主要任务。"①我想，学校的教育定位如此，家庭教育的责任、目标、价值与意义，亦然。

　　总之，对陌生领域的探索不断成为现代科学研究的新主题，也成为研究人的生命发展的永恒课题。剖宫产及其相关研究，也算其中一个。

---

① 彭钢. 幸福教育的可能性——读尼尔斯·托马森《不幸与幸福》的随想 [J]. 江苏教育
（教育管理），2014（3）：33-36.

第二节　生命的孕育，是一个伟大奇迹

　　人类祖先从树上来到地面两足行走至今大约有170万年，人的基因里已经刻印了一整套的自然规律，只有了解和熟悉人的生命孕育过程，我们才会更加感慨生命的伟大，才会更加理解为什么要尊重生命、敬畏生命、爱惜生命。

一、生命的起源

　　人的生命源于男性精子和女性卵子的结合。女性的卵子并不是自己造出来的，而是在她出生时，她的妈妈就造好了（卵泡）放在她的卵巢里的，总量大概700万个。一个女性在长大成人的过程中，她的700万个卵泡始终在进行"激烈的竞争"，这种竞争是非常惨烈的，等青春期到来的时候，大概只剩下10万～20万个。往后的日子里，竞争就更加激烈了，从青春期开始排卵，到更年期结束，每个月大概能排出1个卵子（卵泡发育为卵子）。按照正常的生理规律来讲，14岁左右是女孩子青春期的开始，到49岁左右更年期到来。一个女人一辈子排出的卵子一般不会超过500个，换句话说，每一个孩子都在妈妈肚子里进行过激烈的竞争，都是从700万大军当中杀将出来的"500强"。当然，这"500强"不是都能变成人，还必须排在一定的界限之内。一般排在100～249会更有机会，早于100，估计还没结婚，晚于249（排卵21年，35岁左右），那些卵泡在肚子里已经待了35年，开始老化了，质量就不那么高了，此时怀上的孩子后天容易患"21-三体综合征"（唐氏综合征）。

　　再从男人的角度看，男人"一次播种"有4亿～16亿个种子（精子）。所有的种子都争先恐后地奔向卵子，胜利属于第一名，通常只有一个能成功，一旦这个精子进入卵子，卵子外面的透明带会阻止其他精子进入，且其他的精子马上就会死掉，竞争真是非常残酷。[①]

从医学角度来看，受孕是一个复杂的生理过程，必须具备以下条件：卵巢排出正常的卵子；精液正常并含有正常的精子；卵子和精子能够在输卵管内相遇并结合成为受精卵；受精卵被顺利地输送到子宫腔；子宫内膜已准备充分，适合受精卵着床。这些环节中只要有一个不正常，便会阻碍受孕。阻碍受孕的原因可能在女方，也可能在男方，或在男女双方。女性需要检查输卵管是否通畅，卵子是否成熟，能否排卵，子宫环境是否适合胎儿生长；男性需要检查精子质量、双方体内有无免疫性抗体等。对不少家庭而言，不孕不育是一种难言的痛。虽然现代医学在试管婴儿、人工授精等技术方面有了长足的发展，但成功率低（30%～50%）、手术复杂、过程痛苦等一直是困扰人们的几大难题。

从遗传学的角度来看，生命的孕育充满着神秘和神奇的色彩。人，诞生于爸爸妈妈各给出的一个生殖细胞，每一个生殖细胞里各有23条染色体，每条染色体里面有成千上万的基因。人们彼此间的不同，就是由这些基因决定的，每个人身上都携带着来自父亲和母亲两个家族的种系特征，这些种系特征在无形中决定着这个生命和其他生命的发展存在差异，有其自身特有的发展顺序。例如，一个孩子的身高通常由三个人决定：爸爸35%，妈妈35%，孩子自己30%，其中孩子的30%取决于睡眠、营养、运动等。一个孩子是胖是瘦与家族遗传也有关系，如果爸爸妈妈中有一个人胖，那孩子肥胖的概率是25%；如果父母都胖，那孩子肥胖的概率在50%左右；如果爸爸妈妈、爷爷奶奶、外公外婆都胖，那孩子肥胖的概率在73%～78%，还有25%左右可以通过运动和饮食来调控。除了生理遗传外，还有心理遗传，如智力、性格等。当然，孩子的成长是由先天遗传和后天抚育共同塑造的，基因为大脑的发展提供了一个宏伟蓝图，决定了神经通路的增加、修剪和定性的时间表，而早期

---

① 钱志亮."腾讯微讲堂"视频讲座：《换一种方式爱孩子——珍惜孩子到你家（生命的起源）》.

的经验、后天的养育会决定神经通路的形成、修剪、保留和强弱，为人未来的学习、行为和健康提供基础。[1]对此，我们要特别保持清醒，千万不能陷入"遗传决定论"和"宿命论"的逻辑怪圈中，否则将是十分可悲的。

二、十月怀胎

俗话说，"十月怀胎，一朝分娩"。这里的"月"，指的是妊娠月，并非我们常说的日历月份。妊娠月每四周为一个单位，7天算一周，一个妊娠月是28天，十个妊娠月总共是280天，也就是40周左右。事实上，只要怀孕满37周，也就是37周以后（包括37周）出生的宝宝都是足月的，早于37周生产的宝宝就叫早产儿。不过，预产期只是一种估计值，实际分娩时间往往与预产期出入1~2周，即在37~42周（260~293天）内出生的宝宝，都称为足月儿。

每个人在母亲肚子里从一个受精卵开始到最终生下来，都经过了一个很漫长的发育过程，这个过程充斥着各种各样的风险："每两个受精卵只有一个能成功着床，另外一个可能在着床的过程中，因妈妈打了一个喷嚏就停止着床，也有可能因妈妈大跨一步就停止着床，表现为下一个月月经量稍微多一点，实际上是什么呢？未察觉的自然流产。也就是说爸爸在妈妈的排卵期种两回才有可能让一个孩子顺利着床。但是着床之后不一定能生下来，每8个着床的受精卵在生命孕育当中，不知道出于什么原因就会有一个胎死腹中……"[2]

除了着床之外，还有很多因素会引起胎儿发育异常，造成胎儿患先天性疾病。例如，受精以前，致畸因素可作用于精子或卵子从而引起畸胎。女性体内卵子的成熟分为两个阶段，第一阶段在女性胎儿期就完成了，第二阶段直到卵子彻底成熟，排出前才完成。按照女性排卵规律，一般是1个月排出

---

[1] 钱志亮.科学的早期教育——培养聪明灵通的孩子［M］.南京：南京出版社，2017.

[2] 钱志亮."腾讯微讲堂"视频讲座：《换一种方式爱孩子——珍惜孩子到你家（生命的起源）》.

1个卵子，因此卵巢内其他卵子一直处于两个阶段之间，故各种不良因素都会影响到卵子，这就是高龄妇女生下畸形儿的概率要比年轻妇女高得多的原因。男性精子的成熟过程约64天，这期间若受不良因素的影响，也可造成精子异常。正常的胚胎发育过程要经过受精卵期、胚胎期和胎儿期。胎儿每个器官的发育、成长都有严格的规律，大部分是在妊娠早期5～12周进行。这个时期内，胚胎对外界的各种致畸因素特别敏感，不良因素的影响也最大，可使胎儿死亡或形成严重畸形。怀孕3个月后持续到妊娠晚期，某些器官还在继续分化、发育，致畸因素能使胎儿个别器官产生畸形、大脑发育异常或精神发育迟缓。能致畸的因素通常有风疹病毒、弓形体等微生物、某些药物、X射线、香烟、酒精及污染的环境等。小剂量放射线的经常照射能引起组织损伤和基因突变，大剂量放射线的照射可能导致染色体断裂。烟草燃烧后产生的气体中有50%的物质对人体有害，其中主要为尼古丁、氰化物和一氧化碳等。这些物质作用于末梢血管，会使血管收缩。胎盘血管受到影响后，脐血中的氧含量降低，会引起胎儿缺氧，长期缺氧会导致胎儿生长受限。据统计，孕妇吸烟者比不吸烟者的自然流产、早产、死胎及围生期并发症的发生率高，新生儿低体重者多，甚至畸形。例如，孕妇每日吸烟超过20支，其胎儿围生期死亡率便增加35%。酒精对胎儿的有害作用主要是损伤脑细胞，可使脑细胞发育停止、数目减少，导致胎儿不同程度的智力低下，精神发育不良，并常有小头、小睑裂等面部畸形或先天性心脏病。①

　　通常，胎儿要在妈妈肚子里生长278天（白种人275天，黑种人270天），当长到275天左右的时候，最后一个器官——肺长完了。肺长好后，孩子就会给妈妈发一个"信号"，妈妈收到信息，马上回给孩子一个"指令"，孩子收到指示，就入盆准备出生了。此时，孩子和妈妈会同时释放出一种叫乳化酶的东西，妈妈是从产道释放的，孩子是从头顶没有闭合的囟门释放的，里应外合，把羊膜腐蚀出一个洞，孩子就从这个洞里出来。如果孩子的体质

---

① 邢淑敏.孕产妇全程保健手册［M］.2版.北京：金盾出版社，2018.

比妈妈强，他在里面分泌的乳化酶就多，外面还没来得及分泌，里面都腐蚀出来了，妈妈生孩子时就会先破水。反之，如果妈妈的体质比孩子强，外面分泌的乳化酶较多，妈妈生孩子时就会先见红。如果一个孩子总生病，出生时是先破水，意味着这孩子生下来体质好，可能是因后天没带好；如果出生时先见红，这孩子身体还特别好，说明家人有育儿经验。孩子在释放乳化酶的同时，就开始把妈妈身体中大量的氧和糖偷偷贮存在脐带里，供自己出生时使用。存多少呢？大约12个小时的量。所以，好多孩子出问题，我们经常问孩子妈妈的一句话就是："你生他生了多久？"不到4小时就出来了，还是6～12小时范围内出来，还是12～24小时，这个太重要了。为什么呢？因为孩子从妈妈那儿"剥削"来的氧和糖只够他们使用12个小时。4小时之内出来的，叫作急产；6～12小时范围内出来，属于正常；如果超过12小时，孩子就处于低氧、低糖状态，就有可能导致脑损伤，产科医生就要做高危登记；超过24小时，孩子就处于缺氧、缺糖状态，缺氧、缺糖就会导致其脑细胞大量死亡。这时就要看受损的位置，有的孩子伤的是小脑，有的孩子伤的是脑干，有的孩子伤的是大脑。伤小脑，轻则共济失调（ataxia），拿杯子喝水不能一次到位，拿几次才能拿到杯子，走路的时候还总是梗着，腿抬得比较高，俗称"公鸡步"。稍微再重一点，伤的就不是新小脑，而是旧小脑了，伤到旧小脑，这个孩子就会脑瘫，更严重的，会终身残疾。①

综上所述，生命的孕育确实是一个伟大的奇迹。生一个健康聪明的小宝宝是多么不容易啊，可以这样讲，没有哪一个孩子不是妈妈拿命换来的，没有哪一个孩子不是经过了"九九八十一难"才降落到人世间的。

---

① 钱志亮. "腾讯微讲堂"视频讲座：《换一种方式爱孩子——珍惜孩子到你家（生命的起源）》.

第二章

出生方式有讲究

孩子是一个奇迹。通过生产，一个新人进入世界……那新生者是一个独特的个体，这个个体将发展其自身的意识、自身的自我和自身的认同性。这不仅仅是一个有机体，不仅仅是一个生理上的新创造，生活通过那独特的孩子而更新，在这种独一无二的新人中的生命更新是一个奇迹。

——（丹）尼尔斯·托马斯：《不幸与幸福》

第一节 自然分娩与剖宫产

一个人来到人世间，渠道只有一个，那就是妈妈生出来，即自然分娩，也叫顺产。生孩子有种说法："子奔生，母奔死。"意思是说，生孩子的风险很大。据资料显示，每15个孩子中就会有一个遇到出生障碍，每15个左右的初生妈妈中就会有一个遇上难产——意味着这个孩子可能跟妈妈一起过不了鬼门关。

随着社会的发展，为了解决难产等问题，剖宫产术（cesarean section）出现了。据《手术学全集》记载，剖宫产术到底起源于何时，已很难考据。远在公元前715年—公元前672年，古罗马天主教会就颁布过法令，规定死亡的临产妇或孕妇，未经剖腹取胎儿者禁止埋葬，这是尸体剖宫产术的起源。但由于初时人们剖宫取胎后不缝合子宫，导致产妇出血、感染或得败血症，死亡率极高。16世纪初，有为活着的孕妇施行剖宫产的记载，但在以后的三百年内，剖宫产孕妇死亡率仍然高达52%～100%。因为该手术非常危险，所以很少有人施行。1876年，意大利产科医生波罗（Eduardo Porro）在进行剖宫产的同时，从宫颈上切除了子宫，避免了产后出血及感染，这成为当时处理难产的一大进展。至1882年，马克斯·桑格（Max Sanger）首创子宫底纵切口及缝合法，减少了产妇出血，促进了切口愈合，还保留了子宫，做出了革命性的贡献。此手术名称为"保守性剖宫产术"或"古典式剖宫产术"（Classic Cesarean Section）。1907年，弗兰克（Frank）首先应用经腹膜外剖宫产，先横切口切开壁腹膜，再切开膀胱腹膜反折，将壁腹膜之上缘与脏腹膜切口之上缘缝合关闭腹腔，然后切开子宫下段，降低了感染性病例并发腹膜炎的概率。至1908年，拉兹科（Latzko）设计了从膀胱侧窝进入子宫下段的途径，后经诺顿（Norton）等人改进及描述，就成了目前常用的侧入式腹膜外剖宫产术。至1940年，沃特斯（Waters）首先找到了从膀胱顶进入子宫下段的途径，于是产生了顶入式腹膜外剖宫产术。腹膜外剖宫产术，在防止感染上起了重要作用，但因操作复杂，容易损伤膀胱。克罗尼希（Kronig）分析了腹膜外剖宫产的特点是利用非收缩性的子宫下段以及用腹膜遮盖切口，他应用这些原则于1912年提出切开膀胱子宫反折腹膜，暴露子宫下段而剖宫取胎的术式，即目前应用最广泛的子宫下段剖宫产术。目前，由于麻醉、剖宫产手术技术的提高，输血制度的进展，又受到围产医学、优生学、计划生育等方面的影响，剖宫产术已经代替了困难的自然分娩，成为普遍应用的医学手段。[1]

因为出生方式有两种，每一个孩子在出生时，就存在选择哪种方式出生的问题。理论上讲，自然分娩是人类繁衍生息的必经生理过程，而剖宫产只是解决难产和需要迅速终止妊娠的非自然分娩方式，因此，只要符合自然分娩条件的都应该自己生，而不具备顺产条件的，就要采用剖宫产。但现实情况并非如此，由于种种原因，有相当一部分不符合剖宫产指征的人也选择剖宫产，这就提高了剖宫产比率。

有关团队曾调查了山西医科大学第二医院妇产科2778名孕产妇分娩方式，并对其原因及影响因素进行了分析。调查显示：2006年孕产妇剖宫产率为40.6%，2011年则升至52.9%；年龄大于或等于35岁、居住地为城镇及体重超重的孕产妇其剖宫产率高于年龄小于35岁、居住地为农村及体重正常的孕产妇。1291名孕产妇选择剖宫产的主要原因是有妊娠并发症，占29.9%；其次是胎儿脐带绕颈，占17.4%；社会因素中主要考虑的是安全问题，占15.6%。1487名孕产妇选择自然分娩的最主要原因是产前检查正常，占50.7%；其次是创伤小、恢复快，占15.9%。产前希望剖宫产的孕妇实际采用剖宫产的比例为75.6%，高于产前希望自然分娩的孕妇实际采用自然分娩的比例（59.6%），

---

[1] 傅才英，吴佩煜，翁霞云.手术学全集（妇产科卷）［M］.北京：人民军医出版社，1995.

差异有统计学意义（$P<0.05$）。[1]该报告还指出，由于手术指征的盲目扩大及社会因素的共同影响，使具有其他产科疾病、妇科疾病及其他系统疾病的孕产妇也倾向于选择剖宫产。在主观因素和客观因素的共同影响下，近年来孕产妇的剖宫产率大幅度上升。剖宫产毕竟是一种非自然的分娩方式，应当把它作为解决难产和保护胎儿的一种有效措施，而不应该把它当作孕产妇分娩胎儿的第一选择。除剖宫产手术过程中可能发生的危险外，手术后的近期及远期并发症也不容忽视。因此，医护人员有责任对孕产妇及其家属进行剖宫产相关知识的宣传教育，使他们充分了解剖宫产可能发生的危险及自然分娩的益处，并尽可能减少因社会因素造成的选择性剖宫产，应使孕产妇及其家属充分认识到自然分娩是自然生理过程，应提倡在保证母婴安全的前提下，尽量选择自然分娩。

---

[1] 李东燕，袁丽萍，王华. 孕产妇分娩方式选择及影响因素分析［J］. 中国公共卫生，2014（6）：829—831.

第二节　剖宫产手术并非"温柔一刀"

一、什么情况下需要剖宫产

既然剖宫产只是解决难产和保护胎儿的有效措施，那什么情况下需要采用剖宫产呢？中国中医科学院广安门医院的主任医师吴向红在《如何选择顺产与剖宫产》一文中提及，在产道、胎儿、母体这三个方面中，任何一方出现问题都可能导致无法顺产。出现以下情况，则需要选择剖宫产：

产道因素　孕妇的骨盆明显狭小或畸形；胎头与骨盆腔不对称；阴道、软产道、盆腔、宫颈出现特殊病变或畸形；等等。

胎儿因素　胎位不正，如横位、臀位；胎儿体重超过4千克，或出现宫内缺氧、脐带脱垂等；胎儿宫内缺氧；多胞胎；等等。

母体因素　产前出血或先兆子宫破裂；子宫有疤痕，如曾做过子宫肌瘤剔除术等；做过生殖器修补、有多次流产史或不良产史的产妇；母亲患有严重的妊娠高血压综合征等疾病，无法承受自然分娩，妊娠并发症病情严重；35岁以上的高龄初产妇，同时诊断出有妊娠并发症者；孕妇身高不足147厘米；等等。

其他因素　前置胎盘；分娩过程中，产程迟滞或胎儿出现缺氧（胎儿窘迫），短时间内无法通过阴道顺利分娩；前胎剖宫生产；等等。

二、剖宫产的优点和缺点

剖宫产的优点　剖宫产可以在一定程度上减轻疼痛；难产时施行剖宫产可以挽救母婴的生命；选择性剖宫产于宫缩尚未开始前就已施行手术，可以免使母亲遭受阵痛之苦；腹腔内如有其他疾病，也可一并处理，如合并卵巢肿瘤或浆膜下子宫肌瘤，均可同时切除；对于不想再妊娠的妇女，可以同时进行结扎手术；对已有不宜保留子宫的情况，如严重感染、不全子宫破裂、多发性子宫肌瘤等，可同时切除子宫；有妊娠并发症时选择剖宫产，可以减少并发症对母婴的影响；等等。

剖宫产的缺点 剖宫产是一种手术，有一定的风险，如麻醉意外等，虽然极少发生，但有可能发生；手术时可能发生大出血及损伤腹内其他器官的情况，术后也可能发生泌尿、心血管、呼吸等系统的并发症；术后有可能发生子宫切口愈合不良、晚期产后流血、腹壁窦道形成、切口长期不愈合、肠粘连或子宫内膜异位症等；如果在一两年之内再次妊娠，孕囊容易附着在切口的瘢痕里，人工流产时很容易发生大出血，危险程度不亚于宫外孕；足月分娩时，容易发生子宫破裂；术后可能出现肠管、子宫、膀胱、腹壁粘连的后遗症；如果产妇属瘢痕体质，剖宫伤口疤痕就会呈现为粗粗的一条棱，影响美观；术后子宫及全身的恢复都比自然分娩慢，住院时间较久，住院花费较自然分娩高；等等。

2015年10月，中国共产党第十八届五中全会决定"全面实施一对夫妇可以生育两个子女"的政策，结束了长达30多年的独生子女政策。于是，"头胎剖宫产，二胎怎么生"也成为一个很现实的话题。医学专家认为，如果第一胎是剖宫产，剖宫产后子宫会产生瘢痕，肌纤维也会遭到破坏，使子宫耐受的张力明显降低，那么二胎顺产的风险很高，很可能导致子宫破裂，或者出现大出血，危及母子生命安全，所以不建议二胎顺产。如果孕妇有以下情况，医生就会明确地告诉你需要剖宫产了：①第一次剖宫产时，子宫上的切口是纵切口；②此次怀孕的时间距离上次剖宫产还不足两年；③怀的是双胞胎或多胞胎，胎儿有多种胎位；④胎儿个头太大，特别是孕妇患有糖尿病的情况；⑤其他一些不具备顺产条件的特殊情况。[1]

---

① 邱宇清.二胎怀孕百科［M］.合肥：安徽科学技术出版社，2017.

三、剖宫产的衍生危害

我们研究剖宫产，有一个很重要的视角，那就是剖宫产对孩子的影响。没有经过子宫的收缩体验和产道的挤压，在完全没有"自主参与"的情况下就把孩子从妈妈肚子里"剖"出来，可能衍生出哪些危害呢？

钱志亮教授在"腾讯微讲堂"《出生方式影响大》的讲座，以及他的著作《科学的早期教育——培养聪明灵通的孩子》里，都有不少这方面的论述。[1]

剖宫产剥夺了孩子最原始的几种学习：

第一个就是呼吸系统的学习。妈妈生孩子时，孩子原本是悬浮在羊水中的，羊水慢慢减少，羊膜就会贴着孩子，孩子不舒服就会反抗。子宫在怀孕末期的时候，每一个细胞都撑大了8倍，任何一个外力都有可能导致子宫产生由盆神经管理的收缩，产科学里叫宫缩。每次宫缩都会把更多的羊水挤出去，胎盘就会跟孩子贴得更紧。这样孩子就会更不舒服，就会更加激烈地反抗。随着子宫有节律的收缩，胎儿的胸廓也产生节律性的收缩，这种节律性的变化，使胎儿的肺迅速产生一种叫作肺泡表面活性物质的磷脂，使得出生后的婴儿，其肺泡弹力足，容易扩张，很快能自主呼吸。这种挤压也会导致孩子在里面想尽快出去。从哪里出去呢？孩子有一个了不起的记忆——从哪里进来就从哪里出去。那么孩子要出去，括约肌就使劲收，收得时间久了就会痉挛。那子宫口开到几指上产床呢？开到四指就得赶紧上产床，这个时候孩子不会马上出来，还得再稍微等一会儿。产道要慢慢、慢慢地松弛张开，可孩子通过的时候它又会收缩，这种收缩会把孩子肺部三分之一到四分之一的胎液给挤出来，把呼吸道打通。孩子出来的时候，大气压会先作用于鼻腔，再作用于胸腔，再作用于腹腔，这是一个呼吸学习的过程。另外，随着分娩时胎头受压，血液运行速度变慢，相应出现的是血液充盈，呼吸中枢兴奋，婴儿就会建立正常的呼吸节律。

而剖宫产时，由于腹腔、子宫、胎盘依次突然洞开，大气压会直接均

---

① 钱志亮.科学的早期教育——培养聪明灵通的孩子［M］.南京：南京出版社，2017.

衡地作用于羊水，胎儿很可能会吸入羊水，造成吸入性肺炎，严重者会窒息死亡。由于孩子未经产道挤压，有三分之一的肺胎液不能排出，出生后有的不能自主呼吸，即患上所谓的"湿肺"，容易引起新生儿窒息、肺透明膜等并发症。英国的有关数据显示，剖宫产的孩子患哮喘的概率比顺产的孩子高80%。而剖宫产出生的孩子后天一上火会就走呼吸道，不是咳就是喘，原因就是没有经历这一过程。一旦咳喘，就得用药。现在绝大多数止咳镇喘药都是中枢神经抑制剂，吃完之后睡觉，吃多了会有副作用，会使大脑经常处于昏迷之中。

第二个是触觉学习。孩子在妈妈肚子里，原本有胎盘紧裹着，出生时产道又使劲挤压着孩子，会刺激胎儿的触觉、本体觉和前庭平衡觉，同时刺激其大脑细胞的活跃，于是，孩子就慢慢地清楚了哪儿是我的，哪儿不是我的，这就是一个早期的触觉学习过程。触觉是人体最大的一个感觉系统，早先的这些刺激让孩子在脑子里清楚地建立起一个身体的轮廓图，如果这个轮廓图没有建立，孩子生下来之后就会产生一种儿童发育特殊问题，叫感觉运动统合失调，简称"感统失调"。剖宫产的孩子跳过了出生时触觉、本体觉、前庭平衡觉的学习过程，直接被人从温暖舒适的羊水中拽到外部世界——从由羊水包围到空气与衣服包围，身体周围的压力突然改变，孩子也很难快速适应此骤变。所以，"感统失调"严重的孩子绝大多数都是剖宫产的孩子。

第三个是神经系统的协调发展。孩子出生时，子宫收缩会让产妇腹腔内的血流减少，为度过这几十秒的困难时期，保证在缺氧的情况下心脑神经不受到损害，胎儿的很多神经不得不发挥出调节作用。胎儿在产道中的皮肤感觉、压迫痛觉、运动感觉、温度感觉，都会对他的神经系统产生良好的刺激，这实际上就是新生儿早期智力开发的第一课。国外的流行病学调查发现，许多儿童乃至成年期神经或精神疾病产生都与围生期的不良因素关系密切，有剖宫产史者，早发的精神分裂症（22岁前起病）比晚发的精神分裂症的概率高10倍，原因就是剖宫产导致了中枢神经系统递质多巴胺的紊乱。此外，剖宫产时要使用麻醉药，几乎所有的麻醉药及镇痛药对中枢系统都有抑制作用，都较易通过胎盘屏障进入胎儿体内。胎盘的一个重要作用就是充当胎儿的肺（母体血液输送的氧气要通过胎盘的绒毛间隙进入胎儿血液循环，胎儿血液中的二氧化碳也要通过弥散的方式进入母体血液循环），进行气体交换，但实际气体交换的效率只有肺的1/150。麻醉药会通过两种方式对胎儿产生影响，即直接抑制胎儿呼吸循环中枢，或通过抑制母体呼吸循环而间接对胎儿产生影响。过量的麻醉药或手术中妈妈出现因呼吸抑制引发的低氧血症，都会影响胎儿的氧气供应和代谢废物的排出，直接威胁胎儿的生命安全。

第四个是心理影响——受到过度惊吓。剖宫产手术时，妈妈肚子先打开，之后子宫再打开，接下来先把羊水放掉一部分，然后把孩子往外"薅"，"薅"的过程会对孩子造成惊吓，过度的惊吓会对孩子造成很大的伤害。孩子原本是悬浮在羊水之中的，飘飘然，非常舒服，忽然一只手伸进来就把他往外拽，从一个黑乎乎的地方一下子被拽到明亮又嘈杂的世界，这个惊吓将持续到孩子生命的第一个周期结束——女孩7周岁，男孩8周岁。有些剖宫产的孩子和自然分娩的孩子睡觉习惯不一样，趴着睡，一惊一乍的；经常在夜里哭，莫名其妙的，睡觉不许关灯，关了灯不许关门，关门也得留条缝。医学研究告诉我们，剖宫产时受到的惊吓，会使孩子肾上腺素的分泌量达到一个心脏病病人发病时的30倍。这个惊吓加上后天止咳镇喘药的联合作用，使得剖宫产的孩子得精神分裂症的概率是自然分娩孩子的10倍。

第五个是降低新生儿的免疫力及抗感染能力。对自然分娩和剖宫产的新生儿脐静脉血补体的含量进行比较后发现，自然分娩组新生儿脐血免疫球蛋白含量明显高于剖宫产组，原因是自然分娩新生儿的免疫球蛋白是在临产时，尤其是在通过产道时，受到宫缩的挤压而从母体获得的。研究发现，剖宫产对孩子成年之后的不良影响也非常大，如更易患糖尿病、心血管疾病（如高血压等）、肥胖等。因此，从出生方式看，有的孩子是很遗憾的，270多天在妈妈肚子里都是平安的，到了出生时功亏一篑。而对于有些孩子来说，是抱憾终身的，因为出生时的损伤好多是不可逆的。

对于上述情况，不少官方媒体也有过报道。例如，剖宫产的新生儿没有经过产道的挤压，肺部功能较自然分娩的婴儿弱，天生免疫力亦较自然分娩的婴儿差。2015年7月8日，中央电视台《焦点访谈》栏目播出了一期以"过敏性疾病"为专题的节目，邀请了首都儿科研究所附属儿童医院呼吸内科主任医师陈育智教授、上海市儿童医学中心主任医师陈同辛、中日友好医院儿科副主任医师许鹏飞作为医学专家参与访谈。主要内容如下：

身体过敏反应在生活中很常见，有些人也不认为是多严重的疾病。但是，柳絮、花粉、食物、金属等各种各样、千奇百怪的过敏症状其实困扰着许多人。过敏让人很难受，严重的甚至还会危及生命。为了更好地防治过敏性疾病，每年的7月8日被定为世界过敏性疾病日。最新调查显示，婴幼儿过敏症发病率已经达到了41.24%，而且在逐年上升。北京的7岁女孩王睿茜花粉过敏、尘螨过敏、霉菌过敏，浆果、坚果都不能吃。对于王睿茜的妈妈来说，最难受的不是要带着孩子寻医问药，而是过敏带来的孩子敏感。"她很在意她身边的人，特别是她亲近的人对她的看法。她总是担心我不爱她，她永远跟我确认，妈妈你是爱我的吗？"

过敏性疾病已经成为世界第六大疾病，每天被困在过敏牢笼中的人，占全球总人口的30%～40%。过敏发病率逐年上升，就诊者每年递增20%～30%。几十年来，儿童哮喘的发病率提高了50%。而最新的流行病学调查数据显示，婴幼儿过敏发病率达41.24%。统计数据显示，越来越大的环境影响使每5个刚出生的宝宝当中，就有一个会有过敏的症状出现。在北京某儿科医院里，每天都可以看到孩子和家长排成长龙等待试敏的景象，甚至一些还在襁褓中的婴儿都要在手臂上扎针进行过敏源测试。究竟是什么导致了过敏？医生们也只能用"五花八门"来形容引起过敏的因素之多。不过可以确定的是，除了遗传因素外，最早与新生儿相关的过敏因素，是妈妈选择的不同分娩方式。临床研究显示，无家族过敏史的剖宫产宝宝，过敏疾病的发生率高达23%，而有家族过敏史的剖宫产宝宝，患过敏的风险增加了3倍。剖宫产的宝宝没有经过妈妈的产道，也无法接触来自肠道中的有益菌，而这些有益菌能够促进宝宝肠道内有益菌群的建立，促进宝宝免疫系统的发育，降低其患过敏的风险。剖宫产宝宝肠道菌群建立的时间，一般会比顺产宝宝晚约6个月，免疫系统的建立会受到影响，因此出生后很容易罹患过敏性疾病。

很多剖宫产的妈妈发现，宝宝出生后容易出现湿疹、腹泻、呕吐等症状，一般情况下他们用简单的护理方法来处理，但他们没有想到的是这些症状就可能是过敏性疾病的一个表现。许多过敏的孩子和他们的家长都有这样的愿望——长大就好了。然而，过敏真的能好吗？专家认为，过敏一旦发病是没有办法治愈的，只能够减轻症状，减缓过敏历程。不过，医学专家们发现，过敏在新生儿早期是可以预防的。宝宝出生以后，最好的预防方法是母乳喂养。母乳是婴儿最好的食物，它在婴儿出生后最初几个月提供了婴儿所需的能量和营养素。母乳是有菌的，可以帮助孩子建立微生态屏障，母乳中的蛋白质是人体自身蛋白，对宝宝的免疫系统来说是极有益处的。因此，母乳喂养是预防婴幼儿过敏的关键一步。预防比治疗更重要，也更有效。早点预防，就能让过敏离孩子远一点。最后，专家提倡：第一，自然分娩；第二，母乳喂养。

此外，剖宫产对亲子间的交流也会有一些影响。例如，自然分娩时母亲产生的催产素刺激其子宫颈和阴道产生荷尔蒙等，在一定程度上能增强母婴感情。脑部研究表明，自然分娩时脑部的剧烈活动能调节产妇的情绪和日常行为，帮助她们日后更好地照顾孩子。而剖宫产手术直接把宝宝从子宫里取出，改变了母体分娩过程中的"神经和激素体验"，可能使母亲与孩子的亲密程度降低。

第三节　15%的"剖宫产率"控制线

20世纪80年代中期，世界卫生组织曾指出，无论任何原因、任何国家或地区的剖宫产率都不应超过15%。[①]我国不少地方的文件也规定"二级医院剖宫产率≤25%、一级医院剖宫产率≤15%"。然而，随着社会的进步、医学的发展、人们观念的转变及医疗活动中诸多社会因素的影响，剖宫产在我国呈快速增多趋势，且比率极高。20世纪50年代到70年代，我国孕产妇的剖宫产率仅在5%左右；20世纪70年代后期，随着麻醉及手术技术的提高，剖宫产选择腹壁及子宫体纵切口术式，我国剖宫产率在15%~20%；20世纪80年代实行独生子女政策后，剖宫产率迅速上升，以至于我国近一半生产通过剖宫产完成，剖宫产率为世界第一。[②]北京市海淀区2006—2010年剖宫产率于50%~55%波动，2006年江苏省及浙江省的孕产妇剖宫产率分别达43.2%、45.6%，有个别医院的剖宫产率为67.5%。[③]

2010年2月1日《健康时报》刊登了该报记者戴志悦的文章《中国剖宫产率世界第一：世界卫生组织再次警告，非必要剖宫产危害健康》，文中说：世界卫生组织最近公布在医学杂志《柳叶刀》网站上的一项调查显示，中国

---

① 鲁小红，黄醒华.剖宫产率与围产儿死亡率的关系［J］.中国妇产科杂志，1994，29（8）：453-455.

② 邹春标.高剖宫产率及其成因分析［J］.医院管理论坛，2014（6）：36-38.

③ 宋波，方利文，周钰，等.妊娠妇女社会因素剖宫产状况及影响因素分析［J］.中国公共卫生，2010（5）：533-534.

的剖宫产率达46%，是世界卫生组织记录的全球最高值。北京大学第一医院妇产科主任廖秦平说，我国的实际剖宫产率要比世界卫生组织46%的调查结果还略高，至少可达到50%。中国选择剖宫产的孕妇中，有25%完全没有必要。而另一份同期的调查报告显示：对9个亚洲国家超过10万名产妇的调查显示，她们中接受剖宫产手术的比率为27.3%。[①] 中国剖宫产率畸高的背后有哪些深层次原因？它又会带来哪些影响呢？

一、有几种"不得不剖"

"实际还不止46%，可能会达到60%甚至70%。"记者采访的几位妇产科医生均表示。对此，美国威斯康星大学妇产科研究员易富贤分析道，中国剖宫产率居高有一些客观原因，如中国妇女育龄的延迟。"初育年龄不断延迟，高危妊娠比例增加。据统计，目前北京的产妇平均年龄达到了35岁，比20世纪80年代初期增加了近10岁。"

"不是我不想顺产，实在是生不下来。"向小姐怀孕时拼命进补，待产时，身高不到160厘米的她，体重竟达到了160斤。就这样她在分娩室整整生了13个小时，还是没生下来。医生为她紧急实施了剖宫产，宝宝出生后一称，体重竟有9斤。

二、怕疼及认识上的误区

据报道，国内某大型网站一项针对生育方式的3000人问卷调查显示，76%的女性会选择剖宫产。

"自然生产产程长，年轻一代太过娇气，不愿意忍受疼痛，更重要的是，不少产妇对剖宫产的认识存在误区，对其风险估计不足，这些都导致了剖宫产率上升。"易富贤分析说。有的产妇认为顺产时的产道挤压对孩子不利，剖宫产的孩子比较聪明，但事实情况刚好相反；有的产妇担心顺产会影响体形或者影响性生活，但这些都是可以通过产后康复训练来解决的，她们

[①] 操秀英，唐婷.透视剖宫产率畸高的背后［N］.科技日报，2010.

只想到了减轻生产过程中的疼痛，却没有想到剖宫产后会有很长时间的伤口疼痛，且其出血量为自然分娩的2～3倍，出现子宫内膜异位症、瘢痕子宫等并发症的概率也比顺产的产妇高出许多。

三、部分医院推波助澜

江苏省大丰区第二人民医院妇产科副主任朱海琴指出，在农村和基层医院，十几年前，很多医生还不会操作剖宫产手术，而现在大部分医生可以实施该手术，这在客观上提高了剖宫产率。从医院角度看，剖宫产可带来不菲的收益，同时可降低医疗风险。朱海琴告诉记者，顺产的费用一般不到剖宫产的一半，而且顺产通常要持续十几个小时，医生要时刻保持紧张，非常辛苦，剖宫产则只需要一两个小时，所以一些医生为了图省事就给病人实施剖宫产。

四、对生命不够敬畏

20世纪50年代到70年代，我国的剖宫产率仅在5%左右，20世纪80年代以后快速上升到30%。易富贤说："剖宫产率不断升高，有一个很重要的原因是我国实行独生子女政策，大多数人再次生育的意愿也在下降，子宫成了一次性器官，人们对其珍惜程度不够。但这个因素却往往被各界所忽视。"北京大学第三医院一位不愿意透露姓名的妇产科医生也表示，因为中国大多数人只生一个孩子，不需要再次妊娠分娩，故不考虑瘢痕子宫可能增加子宫破裂概率的风险。

总体上看，造成我国剖宫产率居高不下的原因非常多，医学因素（如手术方式变化、麻醉技术改进、抗生素应用等大大提高了剖宫产的安全性，剖宫产指征掌握不严格等）、社会因素、个人因素交错叠加。这一问题引发了广泛的关注和深入的讨论，甚至上升到伦理层面，"剖宫产术在中国的滥用，在改变传统分娩方式的同时，更彰显出了现代人面对生育问题时所遭遇的伦理和道德困境。五四运动以来对科学的过度迷信、市场经济体制下各类经济利益方的逐利行为、中华人民共和国成立之后城乡二元结构的形成，以及男权社会里女性的性化趋势，这些因素共同作用，构建了剖宫产率在中国畸高的土壤，并进一步瓦解和颠覆着传统的生育伦理基础。在其潜移默化的影响之下，我们不再是自己身体的主人，生育也不再是一个公民可以自我主宰的权利。这一困境的突破，有赖于各方的共同努力和一个更加良善的伦理环境、经济格局、政治制度和文化心理的最终出现"。[①]

放眼全世界，不少国家和地区对剖宫产率的控制还是不错的。"资料显示，国外剖宫产率也有过迅速上升的阶段，不过在20世纪七八十年代已趋于稳定，在20世纪90年代以后则逐步下降。像英国、瑞典、挪威等国的剖宫产率都在15%以下，日本更是常年保持在10%以下，南美洲为30%，非洲是百分之十几"；"广东省政协委员郭会平曾介绍，日本孕妇剖宫产率低，除了产妇认识到剖宫产的危害外，主要原因是日本的社区医疗服务做得十分到位。据了解，日本的社区医疗机构都是由高素质医疗人员组成的。从孕妇怀孕开始，包括孕妇每天的饮食情况、胎儿体重、日常照看，甚至孕妇家里床沿的高低都会一一关注照看，标准胎儿出生体重都控制在6斤左右（注：2005年的一项统计显示，日本男婴的平均体重为3040克，女婴为2960克，与10年前相比，分别减轻了120克和101克，医院接生的婴儿也大都是六七斤左右）"。[②]

当然，随着二孩政策放开，人们观念的改变，特别是医疗（麻醉）技术的发展，我国剖宫产率开始出现回落趋势。2019年11月11日中央电视台新闻频道《朝闻天下》栏目播出"无痛分娩：在舒适中迎接新生命"专题，国家卫生健康委医政医管局副局长焦雅辉说："以海南省为例，2018年的剖宫产率在60%多，推行了无痛分娩以后，目前（2019年）他们的剖宫产率已经下降到35%左右。"以下是江苏南通海安市1992—2019年剖宫产率统计表（表2-3-1）：

① 米莉. 滥用剖宫产术对中国传统生育伦理的影响［J］. 伦理学研究，2012：121.
② 操秀英，唐婷. 发达国家剖宫产率低于15%［J］. 科技日报，2010.

表2-3-1 江苏南通海安市1992—2019年剖宫产率统计表

年份	1992	1993	1994	1995	1996	1997	1998	1999	2000	2001
比率（%）	9.13	11.30	14.29	20.41	23.99	28.30	30.68	32.67	36.49	39.61
年份	2002	2003	2004	2005	2006	2007	2008	2009	2010	2011
比率（%）	41.15	40.47	50.88	62.68	63.62	65.35	67.93	58.31	57.93	56.16
年份	2012	2013	2014	2015	2016	2017	2018	2019		
比率（%）	58.90	58.80	57.46	57.28	53.82	54.67	53.90	50.84		

　　从表中数据可以看出，2019年海安市剖宫产率也出现了下降，与15年前的2004年的剖宫产率相当，这是值得庆贺的。降低剖宫产率是一项系统工程，需要我们持之以恒地做出努力。

第三章

剖宫产对儿童发展的影响

你的人生中，只存在唯一的伟大起点和终点，没有另一个与你经历同样人生的人。我相信每个人都有其独特的价值，每个人都是出色的，每个人都蕴藏着无数平时难以发现的潜能和智慧。

首先，你必须发现它们。

——（澳）力克·胡哲：《人生不设限》

第一节　感觉统合

人对客观事物的认识是从感觉开始的。感觉虽然是一种极简单的心理过程，可是它在我们的生活实践中具有重要的意义。有了感觉，我们才能分辨外界各种事物的属性，才能分辨颜色、声音、软硬、粗细、重量、温度、味道、气味等；有了感觉，我们才能了解自身各部分的位置、运动、姿势、饥饿、心跳；有了感觉，我们才能进行其他复杂的认知活动。失去感觉，就不能分辨客观事物的属性和自身状态。因此，我们说，感觉是各种复杂心理过程（如知觉、记忆、思维、想象）的基础，从这个意义上来说，感觉是人关于世界的一切知识的源泉（图3-1-1）。

图3-1-1　个体发展的原理

感觉可以分为外部感觉和内部感觉两大类。外部感觉是由外部刺激作用于感觉器官所产生的感觉，主要包括视觉、听觉、嗅觉、味觉、肤觉（温度觉、触摸觉、压觉、痛觉等）；内部感觉是由身体内部刺激所产生的感觉，主要包括运动觉、平衡觉、内脏感觉（饿、胀、渴、窒息、恶心、便意、性、疼痛等）。

人类经过千百万年的进化，形成了很多遗传本能性。每个孩子一出生就会做32件事，心理学上叫无条件反射，生理学上叫非条件反射，具体包括：吸吮反射、觅食反射、防御反射、定向反射、抓握反射、惊跳反射、游泳反射、迈步反射、眨眼反射、瞳孔反射、吞咽反射、探究反射、蜷缩反射、怀抱反射、击剑反射、巴宾斯基反射、巴布金反射、帕氏反射等。[①]无条件反射活动是由低级中枢处理实现的，带有刻板的性质，实现这种反射的神经通路是一种与生俱来的、固定的神经联系，即它的中枢在脑干或脊髓。人类和高等动物身上的非条件反射，一般情况下受大脑皮层调节，因此常常是随意的。无条件反射对维持有机体的生命、延续种族具有重要意义，但它只能适应比较固定的生活环境。人一旦生下来，更多的是在非条件反射的基础上通过学习形成各种条件反射，获得生长和成长的。

外部感觉中的视觉和听觉，主要是在后天习得的，且占有十分重要的地位。学习心理学认为，如果把孩子学习的信息看作是100%，其中有75%的信息源自视觉学习（视觉具有直接、连续、全面、迅速、安全、远距离等特点，对个体的形状知觉、空间知觉、视觉识别、视觉记忆、视动协调等起着决定性的作用），11%的信息源自听觉学习（听力是语言学习的基础和沟通交流的工具，能提供自我反馈功能，灵敏的听力能帮助人缩短反应时间，良好的听觉察知、听觉注意、听觉定向、听觉识别、听觉记忆、听觉选择、听觉反馈等对个体发展会产生积极影响），二者合计高达86%，其重要性不言而喻。

人在胚胎时，眼睛是较早形成的器官之一。胎儿生活在"羊水的海洋"里，外面由羊水、羊膜、绒毛膜、子宫等层层包裹着，一般光线很难光顾到。胎儿在黑暗的条件下没有看东西的需要，也不可能看见什么东西。当然，胎儿的眼睛并不是完全看不见东西。在妊娠第二个月时，胎儿的眼睛就已开始发育，到了第四个月时如果用光线有节奏地照射孕妇的腹部，会发现胎儿会睁开双眼，把脸转向有光亮的方向，胎儿的心率也会随之发生有规律的变化。而且，胎儿出生后不到10分钟就能发挥视觉作用，不但能看见母亲的脸，还具有认识模型和判断图形的能力。有人发现，新生儿的视力只关注

---

① 钱志亮.科学的早期教育——培养聪明灵通的孩子［M］.南京：南京出版社，2017.

30～40厘米范围内的东西。这恰好与他在子宫内的位置到外界的长度相等，说明新生儿还保留着子宫内的生活习惯。当然，胎儿的神经系统还不够发达，大概要到其7岁左右才能全部完善。所以说胎儿的视觉功能还是很健全的。

听觉的形成和发展过程也大有学问。在怀孕第三周的时候，胎儿神经嵴的一道槽表明其神经系统已经开始发育了；在第六周时，胎儿的听觉神经已经开始发育；在第十三周时，胎儿耳朵的外形可见；第十八周时，胎儿能够听见自己和妈妈的心跳、妈妈的肠鸣音和打嗝声；第二十五周时，胎儿的听力更发达，声音在羊水中传播的速度是在空气中的4倍；第二十八周时，通过检测胎动、胎心率、脑电波改变、电流性皮肤反射等可以证明胎儿对声音有充分反应。当然，胎儿仅能听见低频声音，说话的声音中，元音频率更低，辅音则难以被胎儿听到。通常情况下，成年人可以听到物体振动所发出的16～20000赫兹的声波，可以分辨出声音的音高（声音的频率，单位"赫兹"）、音强（声音的大小，单位"分贝"）和音色（声音的质量），通过音色，人可以分辨出火车声、汽车声、说话声、走路声等。但刚刚出生1个月内的婴儿，听觉器官是非常敏感而又娇嫩的，不能接受太强的声音刺激，大叫大吼都会刺激婴儿使其出现惊厥、哭闹的反应。出生3个月之内，婴儿最适应的音强为60～70分贝，人们正常说话的声音大小在40～60分贝，因此，此时人们正常说话的声音是不会打扰到新生儿的；4～5个月的婴儿逐渐能听到更小的50分贝左右的声音；7～8个月婴儿的听力适应区间为40～80分贝，这个时候，除了如时钟的嘀嗒声这样细小的声音外，婴儿已经能够听到房间里的各种声响了；到了16个月的时候，婴儿的听力和听力健全的成年人的听力相当。①

除去86%的视觉和听觉学习信息来源，其他各种外部感觉（嗅觉、味觉、肤觉）和内部感觉（运动觉、平衡觉、内脏感觉）一共占14%，在这14%中，

---

① 钱志亮.科学的早期教育——培养聪明灵通的孩子［M］.南京：南京出版社，2017.

发挥着很大作用的当属触觉、本体觉和前庭平衡觉。当然，这种比例划分只是一种大概的表述，并不绝对，因为人的生理发展和生命成长本身就是一个整体，当外界刺激到来时，感觉系统中的各要素并不是独立运转的，而是相互协作、整体联动的，这就是人的感觉统合功能。

所谓"感觉统合"（sensory integration），是指大脑对从身体器官传来的感觉信息进行多次组织分析，综合处理，从而做出正确决策，使整个机体和谐有效地运作的活动。[①]例如，人坐在饭桌前，眼睛看到美食、鼻子闻到香味、肚子里产生饥饿感、嘴里流下口水，于是，产生吃饭的欲望，动手拿起筷子开始进食……自然而又简单的行为背后，是视觉、味觉、内脏感觉、运动觉、平衡觉等各种感觉的"全家总动员"，并且有神经系统的参与和支持。

儿童的感觉统合能力在发展的过程中，从单纯的各种感觉发展到初级的感觉统合，即身体双侧的协调、眼手协调、注意力、情绪的稳定及从事目的性活动，进一步发展到高级的感觉统合，即注意力集中、组织能力加强、自我控制、学习能力、概括和推理能力不断发展等。刚出生的婴儿大脑的感觉统合能力是极不成熟的，机体对信息的动作反应是泛化的，必须经过丰富的适当的感觉动作学习，大脑才能渐渐地成熟起来，机体对环境信息的反应才能协调有效。如果因为各种原因使感觉刺激信息组织不良，即不能在中枢神经系统中进行有效率的组合，则整个机体就不能和谐有效地运作，这被称为"感觉统合失调"（简称"感统失调"）。

感觉统合失调主要表现为如下五个方面：①身体运动协调障碍（运动不良）；②结构和空间知觉障碍（空间距离知觉差、左右分辨不清）；③身体平衡功能障碍（端坐、写字姿势不正）；④视听觉语言障碍；⑤触觉防御障碍（当外界刺激作用于皮肤，会出现异常的躯体和情绪反应）。感觉统合失调的儿童在婴儿期更多地表现为莫名哭闹、多动不安、睡眠不好、黏人与厌恶触摸并存等；在儿童期，部分小儿的行为问题可能表现为多动、注意力

---

① 戴淑凤. 剖宫产与感觉统合失调［J］. 中国全科医学，2003（8）：626-627.

涣散、情绪化、胆小退缩、缺乏自信等，而另一部分小儿可能表现为渴求较少、对信息反应迟钝、动作协调性差、缺乏自我意识等。感觉统合失调的儿童在学龄期表现得更加明显，如好动不安、注意力不集中、动作不协调、写字易颠倒、阅读困难、计算出错、做作业拖拉、人际关系及自我评价不佳、生活自理能力差等。上述种种问题均会影响儿童智能的充分发展，使儿童出现学习或运动方面的障碍，导致其学业失败或在日常生活中受挫折，从而激发一系列心理、行为问题。

有学者认为，胎儿娩出产道的各个动作的组合与叠加，就是典型的"感觉统合"例子[①]，也就是说，在自然分娩的过程中，在神经体液的调节下，胎儿受到宫缩、产道适度的物理张力的改变，身体、胸腹、胎头被有节奏地挤压，而这种刺激信息经外周神经传递到中枢神经系统，就形成有效的组合和反馈处理，使胎儿能以最佳姿势、最小的径线、最小的阻力顺应产轴曲线而下，最终娩出。自然分娩儿接受了强有力的触觉、本体感觉、前庭平衡觉的训练，而剖宫产属于一种干预性分娩，没有胎儿的主动参与，胎儿完全是被动地在短时间内被娩出。剖宫产儿不像自然分娩儿在限定时间内能顺势通过产道各个平面连续完成衔接、下降、俯屈、内旋转、仰伸等动作。正因为剖宫产儿未曾适应这些必要的刺激、考验，有的就表现出本体感和本位感差等感觉统合失调。此外，剖宫产与最初的母乳喂养呈负相关，剖宫产母亲产后泌乳会有延迟，加上麻醉及疼痛原因，母子早期一般接触不足，缺少足够的触摸与爱抚，触感觉信息在头脑中统合不良，可造成婴儿触觉防御过度或防御过弱，这也是感觉统合失调的一个主要方面。国内多数研究表明，剖宫产儿感觉统合失调率一般会高于自然分娩儿，剖宫产导致儿童触觉学习不足是促使儿童感觉统合失调的原因之一。[②]

---

① 王文琇.剖宫产儿综合征的形成与防治［J］.中国实用妇科与产科杂志，2000，16（5）：276-277.

② 田晓博.分娩方式对学龄期儿童智力、注意力及感觉统合能力的影响［D］.沈阳：中国医科大学，2009.

有研究团队采用问卷调查的方式收集研究对象分娩方式及感觉统合发生情况，分析剖宫产对学龄期儿童感觉统合的影响，数据如下（表3-1-1）：

表3-1-1　问卷调查表

维度	例数（人）	程度	自然分娩（人）	剖宫产（人）	Z值	P值
前庭失调	830	正常	502	238	2.617	0.009
		轻度	44	31		
		中度	4	8		
		重度	1	2		
触觉过分防御	830	正常	512	237	3.709	<0.001
		轻度	33	31		
		中度	6	9		
		重度	0	2		
本体感失调	830	正常	513	250	1.697	0.090
		轻度	29	26		
		中度	8	3		
		重度	1	0		
学习能力发展不足	830	正常	453	224	0.759	0.448
		轻度	66	32		
		中度	20	18		
		重度	12	5		

从上述研究结果可以看出，通过不同分娩方式出生的儿童其感觉统合失调情况不一致，说明分娩方式对儿童的感觉统合功能存在着影响，即剖宫产出生的儿童其感觉统合检查率高于自然分娩出生的儿童；在前庭失调、触觉过分防御两个维度，通过剖宫产出生的儿童的统合失调程度高于自然分娩出生的儿童，而在"学习能力"上，未显示出这样的差异。[①]

田晓博、赵亚茹等研究人员，将2007年12月—2009年2月以"健康体

---

① 何鸿雁. 分娩方式对学龄期儿童感觉统合各维度的影响［J］. 中国儿童保健杂志，2013，21（12）：336.

检"为主要诉求来中国医科大学附属盛京医院发育儿科就诊的301例学龄期
（6～12岁）儿童，按DSM–IV标准排除ADHD者，并排除影响感觉统合功能
的其他因素（如双/多胎妊娠、早产或过期产、产钳或胎头吸引、出生缺陷、
出生体重等），按分娩情况分为自然分娩组、社会因素剖宫产组（无选择剖
宫产术的明确临床医学指征）和医学指征剖宫产组（有选择剖宫产术的明确
临床医学指征，包括妊娠合并心脏病、糖尿病、甲状腺功能亢进、中重度贫
血、胎盘前置、胎盘早剥、羊水异常等）进行感觉统合功能调查，以分析不
同分娩方式对儿童感觉统合功能的影响（表3–1–2）。

表3–1–2 三组儿童感觉统合功能各因子测试评分的比较

项目	自然分娩组（n=100）	社会因素剖宫产组（n=101）	医学指征剖宫产组（n=100）	F值	P值	SNK检验结果
Ⅰ前庭平衡和大脑双侧分化	50.33 ± 10.159	47.19 ± 10.671	42.58 ± 11.279	13.241	0.000	1>2>3
Ⅱ脑神经生理抑制困难	49.07 ± 9.033	46.10 ± 10.363	44.19 ± 9.255	6.603	0.002	1>2，3
Ⅲ触觉防御	52.81 ± 9.287	49.50 ± 10.538	46.02 ± 11.425	10.549	0.000	1>2>3
Ⅳ发育运用障碍	49.76 ± 8.955	46.13 ± 10.999	42.56 ± 10.520	12.462	0.000	1>2>3
Ⅴ视觉空间和形态感觉情形	50.38 ± 9.404	49.02 ± 10.534	44.21 ± 10.653	10.080	0.000	1，2>3
Ⅵ重力（地心引力、姿势）不安全症	53.43 ± 8.197	51.20 ± 9.857	49.74 ± 9.836	3.967	0.020	1>3
Ⅶ学习和情绪状态	52.62 ± 7.166	51.64 ± 8.059	49.52 ± 9.007	3.819	0.023	1>3
Ⅷ对压力挫折敏感、自我形象不良	50.76 ± 7.452	48.87 ± 7.215	49.18 ± 8.212	1.765	0.173	
Ⅸ感觉统合整体评估	50.26 ± 8.504	46.38 ± 10.449	42.53 ± 10.519	15.334	0.000	1>2>3

研究结果表明，在儿童感觉统合功能方面自然分娩组好于社会因素剖宫

产组（$P<0.05$），社会因素剖宫产组好于医学指征剖宫产组（$P<0.05$），说明单纯剖宫产手术和导致剖宫产的医学指征对儿童感觉统合功能均存在影响，并且医学指征的存在会加重剖宫产对儿童感觉统合功能的不利影响。[①]

感觉统合包含的方面比较多，是一个多元素整合性的系统。相比其他的感觉（不含上文说过的"视觉"和"听觉"）而言，出生时已经发展、出生后需要更好发展的感觉是触觉、本体觉、前庭平衡觉，不只是因为这三项几乎包揽了除了视觉和听觉之外学习信息来源的14%，更因为这三项只有经过子宫的收缩、胎盘的紧裹、产道的挤压才能被激活，才有可能在后天更好地发展。因此，下面三节将从前庭平衡、触觉防御、本体感觉三个方面做具体阐述，而有关剖宫产对儿童学习能力（智力）是否存在影响，将在本章第五节加以说明。

---

① 田晓博，赵亚茹. 剖宫产对学龄期儿童感觉统合功能影响的研究［J］. 中国儿童保健杂志，2010（7）：41-43.

第二节　前庭平衡

人和动物生活在外界环境中，保持正常的姿势是人和动物进行各种活动的必要条件。正常姿势的维持依赖于前庭器官、视觉器官和本体感觉感受器的协同动作来完成，其中前庭器官的作用最为重要。人的前庭系统可分为三部分：外周前庭系统、前庭中枢处理系统（脑干、小脑、大脑皮质）和运动输出系统。前庭器官由内耳中的三个半规管、椭圆囊和球囊组成，它们是人体对自身的姿势和运动状态以及头部在空间的位置的感受器，在保持身体的平衡中起着重要的作用。

前庭器官感知到人体在空间的位置及位置变化，并将这些信息向中枢系统传递，主要产生两个方面的生理效应：一方面对人体位置和姿势的变化进行调节，保持人体平衡；另一方面参与调节眼球运动，使人体在体位改变和运动中的视觉保持清晰，故它对保持人体的姿势平衡和视觉清晰起重要作用。其实，前庭器官随时随地都在工作，如一辆正常行驶的公共汽车突然刹车的时候，站立的人往往会向前倾倒，但是会很快控制住自己的身体，不会摔倒，这时候就是前庭器官在发挥作用，它调整了身体姿势，使身体达到了平衡。

概括地讲，前庭器官是神经系统运作的"灵魂"，主要有以下功能：脑干部位统合所有输入的感觉信息；侦察头部的位置；调节身体及眼球的动作，特别是身体与地心引力之间的关系；维持肌张力（肌肉处于活动状态时影响身体姿势及平衡反应的功能）；保持身体及情绪的稳定性；促进肌肉紧张、眼球协调、身体形象、空间知觉、语言发展、神经系统协调等。

前庭存在问题的儿童会出现前庭平衡功能失调，表现为：距离观测常常不准，左右不分，方向感不强；分辨不出相似的图形或物体；不会玩拼图游戏；协调能力差，动作笨拙，笨手笨脚，常打碎东西；经常磕磕碰碰、跌倒、撞人；空间定向困难，一转圈就晕；不记路，常有头晕或要跌倒的感觉；怕上高处或跨越水沟，不喜欢被高举，怕搭乘电梯；不喜欢玩秋千；在学校里好动不安，注意力无法集中，上课不专心，爱做小动作，喜欢捉弄人；浮躁，爱发脾气，常因遭受挫折而丧失信心，从而影响情绪；常写错字、写反字、读错字；丢三落四；比一般儿童更容易给家长添麻烦，挑三拣四，很难与他人分享快乐，也不愿和他人分享玩具和食物，不能考虑到别人的需要，别人太靠近自己或自己撞了别人会造成人际关系紧张，有些儿童还可能出现语言发育迟缓、说话晚、语言表达困难等现象。[①]

以下是钱志亮教授提供的一个前庭平衡觉失调儿童的代表案例：

小学一年级的英某，上学第一天学习了"a, o, e"和"0"的写法，感觉挺好。第二天他学习了"i, u"和"1"的写法，感觉也挺好。第三天学完"b, p, m, f"和"2"的写法后，他就开始犯糊涂了："圆圈加个棍儿的那个圆圈干吗老是上下游？""小鸭子2是向哪边游？"后来，学完"q"和"p"更迷糊了，数学中的"小旗4"也不知道刮的是东风还是西风，"秤钩5"钩向哪边经常搞混，"慈姑6"和"气球9"偶尔反了，"拐棍7"也拿到右手了……语文中的汉字书写"三"横的长短经常搞反，"七"和"九"易混，生字认读缓慢，汉字书写常出错……一个月下来，英某就开始厌倦上学了。有经验的教师都知道，对英某来说，难的还在后面呢！语文中的阅读，数学中的数字认读与书写、竖式对齐、借位退位、几何图表等涉及空间关系的学业对他来说都将是"拦路虎"，因为他是典型的前庭平衡觉失调的儿童。

儿童的前庭平衡觉是在母体内初步形成的，出生后的被抱、被摇晃和自己翻身、抬头、爬行、走动等会使前庭平衡觉得到进一步加强与巩固，为个

---

① 钱志亮.儿童生理问题咨询［M］.北京：北京师范大学出版社，2017.

体的视觉、知觉中的空间关系发展奠定基础。胎儿在母体内是悬浮在羊水中的，母亲的运动会使胎儿的臀部等部位接触到胎盘的内壁，从而使胎儿产生一种不舒服感。胎儿感受到自己的姿势发生变化后，会本能地设法调节自己的身体，以使自己保持悬浮状态。胎儿的这种行为是其前庭平衡觉、触觉学习的基础。国内外众多研究（如本章第一节中何鸿雁等人的研究）表明，剖宫产对儿童的前庭平衡发展有影响，其根源在于胎儿娩出产道时所做的各个动作是胎儿—新生儿感觉统合发展十分重要的促进因素，也就是说，在自然分娩的过程中，在神经体液的调节下，胎儿受到宫缩、产道适度的物理张力改变，全身皮肤、躯干、四肢及头连续接受了压力触觉及视、听、嗅觉等的信息输入，刺激大脑发挥分辨、统合功能，并使肢体反射性做出适应性协调活动，前庭平衡能力就在这种情况下开始发展。剖宫产出生的胎儿，没有经历这一生理运作过程，缺乏最初的脑成熟刺激，完全是被动地在短时间内被娩出，可能造成其潜在的大脑对外界环境协调及应变能力的缺陷，影响前庭平衡觉的发展。

不过，剖宫产只是可能引发前庭平衡问题的因素之一。母亲怀孕期间运动不足、保胎、胎儿胎位不正、羊水过多等，都会导致胎儿前庭平衡机能发育迟缓。引发胎儿前庭平衡问题的原因有：①胎位不正。胎位不正的胎儿本来其前庭平衡就没有得到正确定位，空间、方位等处于混沌或错觉之中，是典型的先天不足。②母亲孕期运动不足。保胎的母亲往往由于害怕运动后产生激烈反应导致流产，因此常常拒绝运动，胎儿在母体内得到的刺激相对有限，导致胎儿前庭平衡系统和触觉系统先天不足，感觉运动统合失调明显。③羊水过多。羊水过多的母亲，尽管自己运动较多，但由于胎儿在更多羊水的保护中，很难有机会接触到胎盘内壁，导致胎儿失去诸多必要的触觉和前庭平衡觉锻炼机会，诱发感觉运动统合失调。④儿童早期运动不足。儿童从仰卧向俯卧过渡的过程，是练习颈部肌肉的过程。儿童在抬头的过程中，视野由过去的仰视到俯视完全发生了改变，有的甚至旋转了180度，这对形成和发展儿童的空间知觉具有非常重要的意义。视野的改变会刺激儿童探索新奇世界的欲望，儿童不断地抬头促使颈部肌肉不断地发展，而颈部肌肉的发展又是个体保持头部平衡的前提，头部的平衡又是个体前庭平衡觉发展的前提。儿童抬头越多，前庭平衡觉就越会得到发展，空间知觉就会发展得越好。儿童在学习坐、立、爬行的过程中，前庭平衡觉和空间知觉得到了充分的发展，感觉（视觉和前庭平衡觉）与运动之间实现了最充分的统合。实践证明，翻身、抬头越多，爬得越多、越好的儿童，在后天的学业发展过程中身体出现问题的可能性越小；反之，没有爬过的儿童，后天学业困难会更多，前庭平衡问题会导致感觉运动统合失调。⑤坐小推车。导致儿童前庭平衡觉失调的另一个人为因素是坐小推车。许多父母认为不为孩子买一辆婴儿车，就不足以表达或证明其对孩子的爱。实际上这么做表面上可以让孩子更舒适些，其实会使孩子失去许多锻炼前庭平衡的机会。由于推车轮子的直径有限，而轮子越小，克服阻力的性能就越小，所以家长不得不挑最平整的道路行走。这样不但会剥夺孩子被背、被抱的机会，还会减少孩子获得外界刺激的机会，从而影响孩子前庭平衡功能的发展。①

这些研究表明，人的成长确实是一个复杂的系统工程，任何一个现象的背后都可能存在着复杂的归因，对此，我们要有辩证的思维和科学的眼光，切不可以偏概全。

---

① 钱志亮.儿童生理问题咨询［M］.北京：北京师范大学出版社，2017.

第三节　触觉防御

触觉是接触、滑动、压觉等机械刺激的总称，触觉系统是人类最复杂的器官，其在人类行为中扮演着很重要的角色。触觉系统是人体最大的感觉系统，有效的触觉功能是指中枢神经系统能过滤或抑制从环境中来的不必要的感觉。

人的皮肤位于人的体表，皮肤内分布着感觉神经和运动神经，它们的神经末梢和特殊感受器广泛地分布在表皮、真皮及皮下组织内，以感知体内外的各种刺激，引起相应的神经反射，以维持机体的健康。依靠表皮数以百万计的游离神经末梢能接收触摸、压、冷或热、疼痛以及皮肤上汗毛的拂动等感觉。

触觉系统是个体在母体内最先发展的感觉系统。在生命孕育初期，处于母体子宫中正在发育的人体胚胎由三层特殊的细胞构成：外胚层将发育形成人体神经系统的皮肤，中胚层将发育形成肌肉和骨骼，内胚层将发育形成人的内脏器官，如胃、肠、肺等。因此，人的皮肤和大脑是由同一组织构成的，皮肤可以看成是人脑的外层，或是人脑的延伸部分。当视觉和听觉系统刚开始发展的时候，触觉系统已经能有效地发挥作用了。妊娠第二个月时，胎儿就能扭动头部、四肢和身体；到第四个月时，当母亲的手在腹部触摸到胎儿的脸时，他会做出皱眉、眯眼等动作，如果在腹部稍微施加一些压力，他立刻就会伸出小手或小脚回敬一下。有人通过胎儿镜观察发现，当接触到胎儿手心时，他马上就能紧握拳头做出反应，而接触到其嘴唇时，他又会做出吸吮的反应。因此触觉系统对整个神经组织的运作起着非常重要的作用。

孩子出生过程中胎盘的包裹、子宫和产道的收缩以及出生后吃奶、穿衣、吹风、洗澡等都不断为其触觉提供丰富的刺激，促进其正常发展。医学研究的结论是：触觉性接触可以增强迷走神经的活动，增强机体的体液和细胞的免疫能力，使婴儿对疾病有抵抗力。按摩可促进婴儿肌肉的协调，使其全身舒适，易安静入睡。对皮肤的抚触可改善其皮肤的功能，促进其血液循环，保持其皮肤的清洁和弹性。实验证明，经抚触的新生儿的奶摄入量高于对照组。抚触可以促进食物吸收的激素（如胰岛素、胃泌素）的分泌，使奶摄入量增加，从而促进婴儿使其体重增长。因而，抚触能增强机体免疫力，刺激消化功能，引起全身（神经、内分泌及免疫等系统）一系列的良性反应，从而促进婴儿身心健康发育。

触觉统合失调的产生，主要是因为触觉神经和外界环境协调不佳，从而影响了大脑对外界的认知和应变，即所谓触觉敏感（触觉防御）或触觉迟钝（防御过弱）。以下案例就属于典型的触觉敏感问题。

在幼儿园大班的宁宁，每天不是向老师就是向家长告后面小朋友的状，"他老是在后面捅我""他老是贴我贴得特别近""他今天又在后面推我了"……而坐在宁宁后面的小华每次总是很委屈地申辩。老师发现宁宁在排队的时候总是歪到队伍外面去，提醒她站到队伍里面后，没一会儿又冒出来；别人想帮她掸去衣服上的灰尘，她却认为别人要打她而不等别人的手碰到她就先把人家打回去了；有时别人只要稍微走近她，她就哇哇大叫；吃饭时每次都是最后一个吃完，而且还总是满嘴饭。宁宁的问题是触觉失调中典型的触觉敏感。[①]

钱志亮教授认为，剖宫产儿童在触觉方面最常见的问题就是触觉敏感。触觉敏感的孩子一般会表现出对外界新刺激的适应性弱，喜欢固着于熟悉的环境和动作中；喜欢保持原样或重复语言、重复动作，对任何新的学习都会加以排斥；不喜欢他人触碰自己，任何细微的刺激都会发生强烈反应；人际

---

① 钱志亮.儿童生理问题咨询［M］.北京：北京师范大学出版社，2017.

关系冷漠，常陷于孤独之中；怕人，远离别人；害怕拥挤，拒绝排队；胆小、害羞、缺乏自信；不喜欢碰触某些粗糙的衣料或物品；怕风吹（空气流动会使得其汗毛拂动并产生痒痒的感觉）；大热天也要穿长袖衣服；常拒绝理发、洗头或洗脸等；挑食、偏食；吃东西秀气；用指尖拿东西；个人空间范围太大，对不经意的碰撞极敏感甚至会反击；人际关系紧张，注意力不集中，难专心，大脑动荡不安；等等。一般这种儿童个性孤僻、不合群，在团体中很难交到朋友，容易与人发生冲突，攻击性强。触觉迟钝的儿童一般反应慢（拖拉行为的生理基础）、动作不灵活、笨手笨脚、大脑的分辨能力弱、缺少自我意识、学习积极性低下，所以也会出现学习困难、人情冷漠等问题。还表现为黏人，喜欢搂搂抱抱，需要父母特别多的抚摸；总喜欢摸别人的脸或某个玩具、卧具等，否则不肯入睡；反应慢、动作不灵活；细微分辨能力差；发音不清楚；缺乏安全意识，在意外碰伤或流血时，自己常常不会察觉；对打骂不在乎，过分喜欢碰触各种东西，有强迫性的行为（一再地重复某个动作）；等等。

导致儿童触觉失调的原因除了保胎、孕妇缺乏运动使得胎儿很少甚至没有机会与胎盘内壁接触而失去早期学习的机会外，羊水过多的母亲，尽管自己运动较多，但胎儿在更多的羊水保护之中也很难有机会与胎盘内壁接触，从而失去诸多必要的触觉学习机会，导致其触觉敏感。相反，羊水过少的母亲哪怕是轻微的运动，胎儿都有可能与胎盘内壁产生接触，而胎儿触觉学习的机会过多会导致其出现对触觉刺激"饱厌"的现象，胎儿不再对类似刺激做出反应，导致胎儿触觉迟钝。

剖宫产胎儿没有经受过宫缩的挤压，没有从狭窄而屈曲的产道娩出，这就剥夺了孩子最原始也最重要的触觉学习机会而导致其触觉敏感。另一方面，孩子出生后如果不是母乳喂养，也容易导致其触觉敏感，因为母亲在哺乳孩子时一般都会不停地抚摸、轻拍孩子，孩子则不断地运动口腔，通过包卷母亲乳头和乳晕获得大量的口腔触觉刺激，因此母乳喂养也是儿童触觉练习的重要途径。而非母乳喂养的儿童则没有这些触觉学习的机会——哺乳者一手抱孩子，一手拿奶瓶（为了防止孩子呛着和不影响其牙床发育一般需稍微向后拽着点），没有多余的手再为孩子提供触觉刺激了，况且目前市场上销售的奶嘴都比较光滑、细腻、单孔，无法与富有弹性与张力、既不粗糙也不细腻、多孔的母亲乳头相比。

如果孩子出生后缺乏搂抱、抚摸、轻拍的刺激，也会导致其触觉敏感。人类普遍存在着皮肤被触摸的需要，即人们常说的"皮肤饥渴"问题。在儿童成长过程中除了"饮食饥渴"必须得到解决之外，"皮肤饥渴"问题也必须得到解决，否则到一定程度会导致死亡，许多第二次世界大战后的孤儿院进行的实验都证明了这一点。国外心理学家的研究表明：一个正常人每天需要11个拥抱，否则就会产生情绪情感问题。

城市儿童生活都市化，现代家庭小型化，儿童缺乏成长中必需的各种感觉刺激；家长对儿童过度保护或管束过严；儿童缺少同伴群体，较少进行户外活动和各种运动，电视与游戏机成为其主要玩具等都会导致儿童在成长过程中应有的各种感觉刺激机会大幅度减少，从而严重削弱儿童的感觉运动统合能力。如果父母抚养孩子的方式比较粗放，如婴幼儿内衣不够柔软，用洗衣粉洗孩子的内衣，穿之前没有进行搓洗，等等，则会导致孩子触觉迟钝。有些看护孩子的祖辈，由于害怕出安全事件，对孩子过度保护——这里不让摸，那里不让碰；这里太脏，那里危险……儿童缺少了必要的生活体验，很容易错过触觉练习的关键期。

第四节　本体感觉

6岁的董某是小学一年级的几个"小精豆"之一，从生理发育角度来看，其无论是在体重还是骨骼上都明显不如同龄孩子。用"文弱书生"形容他一点也不过分：文静得像个女孩儿；细胳膊细腿，小手比鸡爪子胖不了多少；说话细声细语；很胆小，经常哭哭啼啼；课后总是跟在几个大孩子后面捡乐，一直处于被领导地位；站时七歪八扭，坐时东倒西歪，经常懒散地躺在座椅上。

上述案例现象与本体感觉有关。

本体感觉是指肌、腱、关节等运动器官本身处在不同状态（运动或静止）时产生的感觉（如人在闭眼时能感知身体各部分的位置）。人体依靠这种感觉进行动作和行为的调节，有目的地控制肌肉的收缩和松弛，如对大、小肌肉的控制，手—眼协调，手—耳协调，身—脑协调，使动作灵活和灵巧，等等。由此产生的自身状态和运动，都是自己身体刺激信息经感觉处理的结果。

在医学中，本体感觉是人体的一种深感觉，包括运动觉、位置觉和振动觉。运动觉涉及人体对于运动速度和方向的感觉，位置觉涉及人体对于肢体所处空间位置的感觉，振动觉涉及人体对于接触面不同振动频率和幅度的感觉。

本体感觉分为三个等级：一级——肌肉、肌腱、韧带及关节的位置感觉、运动感觉、负重感觉；二级——前庭的平衡感觉和小脑的运动协调感觉；三级——大脑皮质综合运动感觉。骨损伤病人的本体感觉缺失主要是一级的缺失，运动损伤病人的本体感觉缺失是一级、二级的共同缺失，神经损伤病人的本体感觉缺失主要是三级的缺失。

本体感觉本身就是一种能力，它与个体身体形象、运动姿势的形成、语言发展、图式形成、手眼协调、手耳协调、眼耳协调、身脑协调等密切相关。不照镜子就能摸到自己的鼻子，不用瞄准就能打着身上的蚊子，下楼时不用看着楼梯就可以自由上下等，都是本体感觉作用的结果。本体感觉正常的人好比在大脑中有"身体地图"一样，随时掌握着身体各个部位的信息，而本体感觉不良的孩子不用眼睛看就很难做事。本体感觉是一种高度复杂化的神经应变能力，大脑对手指肌肉控制不好，字就会写不好，容易出格，孩子写作业的速度自然慢；手—眼不协调，看到的和写出来的就会不同，常会出现抄错、写字颠倒等问题；手—耳不协调，听到的与写出来的不一致，听与写就容易出问题；身—脑不协调，大脑对身体控制不良，在上课或写作业时身体就会转来转去，不安地乱动，小动作多。

本体感觉的发展是以前庭和触觉的发展为基础和前提的，前庭平衡觉失调、触觉失调的个体，其本体感觉也会失调。本体感觉帮助个体行动，如果缺少本体感觉，人体的动作会迟缓笨拙，形成本体感觉失调。

本体感觉不良的儿童会出现如下症状：站无站相，坐无坐相；动不动就想坐，坐一会儿就想躺下；身子发软、发胖（虚胖）或精瘦，懒散；动作记忆差，学技术费劲；挫折感强，情绪不好；小的时候爱哭，稍大爱发脾气（对家人）；较多服从（对外人）；看书托腮，字体柔弱无力；运动爆发力不足，耐力差；游戏、学习缺乏创造力；等等。

本体感觉出现问题的儿童，一般在体育活动中动作会不协调（不会跳绳、拍球等），动作记忆差，学技术困难；在音乐活动中发音不准（走调、五音不全等）；与人交谈、上课发言时会口吃；挫折感多，情绪不好；较多服从，没有创造力；特别怕黑，在暗处经常因不知所措而哭闹；经常迷路或迷失方向；不会自己穿衣服、扣扣子、系鞋带、拿筷子、写字或绘画，或者虽然会做这些，但比同年龄的儿童慢很多。

导致儿童本体感觉失调的主要原因有以下几个方面：

（1）剖宫产。胎儿出生的过程是最早的本体感觉学习过程，反抗胎盘内壁的贴附和子宫与产道的收缩是孩子很好的本体运动学习过程。在触觉学习和运动学习中，胎儿了解了自我身体的全部，促进了其本体感觉的发展。在正常的分娩过程中，子宫肌、腹肌、提肛肌收缩，最后经过狭窄产道的挤压，胎儿的皮肤、关节、头部都受到节律性挤压的刺激，接受了强有力的触觉、本体感觉、前庭平衡觉的学习。而快捷的剖宫产则剥夺了孩子最原始也是最重要的本体感觉学习机会。

（2）隔辈老人的看护。如果孩子由爷爷奶奶等长辈抚养，他和同伴一起玩的时间就会相对比较少，父母与孩子相处、爱抚孩子的时间也大为不足，加上老人普遍对孩子过度保护、娇生惯养，甚至一切代劳，剥夺了孩子学习的机会，他们的本体感觉就相对较差。

（3）幼儿期教育忽视室外运动。现在的幼儿期教育总体上放手不够，室内看护多，室外活动少。由于害怕发生安全事故，加上居住楼房的人越来越多，一些家庭和幼儿园都有意无意地减少室外活动，这也减少了儿童本体感觉学习的机会。

（4）家庭教育误区。父母对孩子寄予很高的希望，迫不及待地对孩子进行过早教育甚至过度教育，在学校学习之余重视各种培训班学习，为孩子报名参加各种各样的补习班，却唯独忽视了儿童应有的体育运动。此外，随着电视、电脑、手机、网络等各种媒介过早、过多地进入儿童的生活，在成长中儿童很容易出现本体感觉差的问题。[1]

总之，一个人的本体感觉不是先天就具备的，而是需要后天的训练和培养的，非常重要。

---

[1] 钱志亮.科学的早期教育：培养聪明灵通的孩子 ［M］.南京：南京出版社，2017.

第五节　智力发展

智力是指人认识、理解客观事物并运用知识、经验等解决问题的能力，包括记忆、观察、想象、思考、判断、推理等。本节所讲的"智力发展"，主要指学习能力。

剖宫产对儿童的智力发展、学习能力等是否存在影响呢？这是所有人都非常关心的问题。应该说，到目前为止，还没有研究资料能确切地说明剖宫产会对儿童的智力水平产生明显影响。

张文坤、郝波等人自2004年6月开始募集北京大学第一医院无并发症足月分娩儿童800例，分别于婴儿42天时、半岁时、1岁时进行随访，采用DDST和Gesell量表测查婴儿智力发育情况，并对母亲进行问卷调查，对婴儿进行体检。研究结果为：不同分娩方式对1岁以内的婴儿心智发育的影响不大。

欧萍、洪淑琼等人在福建省妇幼保健院随机选择1998—2001年出生的婴幼儿164例，其中，56例剖宫产，108例自然分娩，使用首都儿科研究所和中国科学院心理研究所制定的0～4岁小儿精神发育检查表测定这些婴幼儿的智能发育商，结果两组婴幼儿的"大运动""精细动作""适应能力"发育商及"总发育商"无显著性差异，而在语言和社交行为发育商方面自然分娩儿较高。[①]

黄旭等研究者在广州将217名3～7岁儿童按照分娩方式分为社会因素剖

---

① 狄霜梅. 4～7岁剖宫产分娩儿童行为特点研究［D］. 上海：华东师范大学，2009.

宫产、医学因素剖宫产、顺产三组，并采用3～7岁儿童气质量表、CBCL皮勃迪图片词汇检测对其进行调查，结果显示，不同分娩方式对学龄前儿童的气质、行为、智力水平无显著影响。相关理论分析是：气质和智能都是以生物学为基础的，尤其是气质，主要是由生物学因素决定的，是相当稳定且持久的心理特点，可能受分娩因素的影响不大。由于低龄儿童的生物学特征尚未完全分化，因此在不同分娩方式的儿童中气质类型的差别不明显。剖宫产对儿童气质、行为和智能的影响可能有时间效应，即其影响可能随儿童的生长发育而得到代偿，或者其影响只有在学龄期才会明显表现出来，而在学龄前期并无明显表现。这需要扩大研究对象的年龄范围做进一步分析。[①]

严菊花等研究人员采用整群随机抽样的方法，在江苏省昆山市抽取了4983名6～12岁儿童进行不同分娩状态及学龄期学习能力等相关因素的问卷调查，采用多重线性回归方法来分析不同分娩方式和分娩孕周对学龄期儿童学习能力的影响。结果该研究共纳入研究对象4983例，其学习能力平均分为4.26 ± 0.52分，其中女生的学习能力平均分［（4.35 ± 0.48）分］显著高于男生的学习能力平均分［（4.18 ± 0.53）分］（$P < 0.05$），高年级的学习能力平均分［（4.36 ± 0.52）分］高于中年级［（4.23 ± 0.52）分］和低年级的学习能力平均分［（4.18 ± 0.49）分］（$P < 0.05$）。通过多重线性回归分析发现，调整了性别、年级的影响后，以顺产作为参比，剖宫产和难产对学龄期儿童学习能力的影响尚无统计学意义；以足月产儿童为参比，早产的学龄期儿童其学习能力平均会降低0.07分，过期产的儿童其学习能力平均会降低0.08分，早产和过期产对学龄期儿童的学习能力存在一定影响。该研究还表明，不同分娩方式在知动觉发育方面的差异有统计学意义，其中难产儿童的知动觉发育得分显著低于顺产儿童的得分和剖宫产儿童的得分（$P < 0.05$）；而不同分娩方式在其他八个维度以及学习能力平均分方面的差异无统计学意义

---

① 黄旭，王梦龙，静进，等. 分娩方式对学龄前儿童气质、行为及智力影响的初步探讨

　　［J］. 中国儿童保健杂志，2004（2）：103-105.

（$P>0.05$）。数据如下表（表3-5-1）：①

表3-5-1 不同分娩方式的学龄期儿童学习能力比较

维度	顺产 （$n=2516$）	剖宫产 （$n=2420$）	难产 （$n=47$）	F值	P值
阅读能力	4.12 ± 0.61	4.13 ± 0.62	4.18 ± 0.54	0.222	0.801
语言能力	4.51 ± 0.54	4.53 ± 0.53	4.49 ± 0.52	1.173	0.309
数学能力	4.35 ± 0.61	4.38 ± 0.61	4.26 ± 0.61	1.947	0.143
书写能力	3.85 ± 0.76	3.85 ± 0.76	3.85 ± 0.76	0.026	0.975
注意力	3.75 ± 0.87	3.76 ± 0.85	3.74 ± 0.85	0.045	0.956
思考能力	4.06 ± 0.67	4.07 ± 0.68	3.99 ± 0.70	0.396	0.673
知动觉发育	4.65 ± 0.58	4.65 ± 0.59	$4.36 \pm 0.94ab$	5.611	0.004
社交能力	4.56 ± 0.48	4.56 ± 0.48	4.45 ± 0.61	1.235	0.291
认知能力	4.68 ± 0.44	4.70 ± 0.43	4.68 ± 0.42	1.472	0.230
学习能力平均分	4.25 ± 0.52	4.26 ± 0.52	4.21 ± 0.53	0.513	0.599

相关理论分析是：难产儿童的降生要借助产钳、胎吸等方式，这些方法容易造成儿童的脑损伤，因此他们在知动觉发育方面较差。儿童大脑细胞的可塑性较强，脑损伤后，尽管受损的细胞无法再生，但未受损的脑细胞之间可能会因此建立新的联结，补偿和替代受损的脑细胞。因此，如果脑损伤的范围较小，损伤不严重，在外部适当的刺激下，脑功能可以部分或全部恢复，到学龄期已没有明显差异。

田晓博对308例年龄、性别、出生体重及父母生育年龄、文化程度、职业、家庭类型、收入、主要带养人等分布无显著性差异（$P>0.05$）的学龄期儿童（6~12岁），进行韦氏儿童智力测试（该量表共11项分测验，其中言语分测验6项，即知识、领悟、算术、数字广度、词汇；操作分测验5项，即填图、图片排列、木块图、图形拼凑、编码），从分测验中分别获得言语量表

---

① 严菊花，冯佩，牛晓虎，等. 不同分娩状态对学龄期儿童学习能力的影响［J］. 中国儿童保健杂志，2016（9）：993-996.

分、操作量表分、总量表分。结果显示，自然分娩组、社会因素剖宫产组、医学指征剖宫产组的儿童在除数字广度、记忆/不分心因子智商外的其他智力结构和因子智商中，各项均无统计学差异，各组间两两比较亦无显著性差异。11项分测验中，知识、领悟、算术、词汇、填图、图片排列、木块图、图形拼凑、编码三组之间均无显著性差异（$P<0.01$）。但智力结构中，反映注意力和短时记忆力的数字广度和因子智商中的记忆/不分心因子三组间有差异，自然分娩组在数字广度上好于社会因素剖宫产组和医学指征剖宫产组，有统计学意义。这揭示了剖宫产可能造成儿童注意力（特别是ADHD儿童）和短时记忆力的损伤，即剖宫产手术本身可能对智力结构有不利影响。国外研究者通过动物实验发现，参与注意及执行任务调节的多巴胺神经通道对出生方式变化具有高度敏感性，临床研究也显示，与脑内多巴胺类神经递质代谢障碍有关的儿童注意缺陷多动障碍（ADHD），可能与剖宫产存在某种内在联系。[1]

　　总体上看，国内外关于剖宫产对人发展的影响的研究领域在不断扩大，认识也在逐步加深。除了上述章节中介绍的内容外，还有关于多动症、脑发育和脑功能（额叶皮质、海马及纹状体、脑内多巴胺类神经递质代谢、脑型一氧化氮合酶等）、嗅觉、声音辨识、视知觉能力、视空间能力、儿童注意缺陷多动障碍、神经运动和神经精神疾病等的影响，在此不做赘述。

---

① 田晓博.分娩方式对学龄期儿童智力、注意力及感觉统合能力的影响［D］.沈阳：中国医科大学，2009.

第四章

剖宫产儿童关怀的行动研究

万物皆有时，四时皆有序。每个孩子都是千年莲花的种子，尊重它（他）原来的样子，以它（他）本来的样子爱它（他）。

——黄丽：《安的种子》（绘本）

第一节　面向事实本身

"面向事实本身"是现象学的基本精神和态度，即在研究各种事物时，我们要先"停止判断"，中止所有的意向性，并保持所有信念的中立化，回归"现象之本质"，在"面向事实本身"后再"朝向活生生的事情本身"。

2013年暑假，我被调到海安市城南实验小学担任校长。这所新学校从一年级开始招生，逐年递增一个年级，这使得我有比较多的便利条件在一年级开展剖宫产儿童情况调研。

首先进行学生基本情况调查，我们在学生信息登记表上前所未有地增加了出生方式"顺产"或"剖宫产"的选项。原来只是听说该地剖宫产率比较高，但是对该地区的具体情况并不是很清楚。经过调查，当年我们一年级招收新生327名，其中剖宫产人数是235人，占71.8%。看到如此高的比例，我着实吓了一跳。如何给剖宫产儿童更多的关怀，尤其是在学习方面的关怀，成为一个很现实的问题。

"面向事实本身"成了我们关注剖宫产儿童在校学习和生活情况的首要原则，在这一原则的指导下，我们展开了一系列行动研究。

一、"亮"明身份

我们将一年级学生入学信息登记表转给各班班主任，要求各班在座位表中将剖宫产学生的名字加粗，以便教师在日常教学和班级管理中进行观察、对比时能很快"识别身份"。当然，这种识别方式学生本人是不知道的，更不需要告诉学生，防止产生"贴标签"效应。这样，在日常教学中，遇到经过多次提醒后还坐立不安（好动、多动）的学生时，教师们总是习惯性地先看看座位表上的"提示"，如果是剖宫产的学生，会多一分宽容和理解，采用让这个学生上台板书、起立回答问题、做一次学习展示等方式调节其学习状态。

二、做好观察记录

剖宫产的学生"亮"出身份后，我们从中选择一部分作为以后跟踪观察的研究对象，每个教师负责2～3名学生，及时拍摄图片资料，做好观察记录。以下是周正娟老师对剖宫产儿童小然（化名）的部分观察日记：

2013年9月2日　星期一　晴

放学时，小然背书包的样子可真把我逗笑了。他单肩背了书包，想把另一根书包带子背到肩上，于是转动身子去塞自己的手臂，但够不着，小家伙就伸着手臂转圈，像个陀螺一般。

2013年9月12日　星期四　晴

午睡的时候，我许诺：能睡着的小朋友老师会奖励他一个红点。所有的孩子都安安静静地伏在桌子上，可刚过几分钟，我就听到桌子响。我停下手中作业的批改，去行间巡视，悄悄抬头张望的一个个小脑袋又伏下来，闭上小眼睛。巡视了几圈，已经有一半的孩子睡着了。小然和黄尚还在悄悄使眼色、做鬼脸，罗钦元、王子木也还不时睁眼看我。我拿起红点，轻轻地走过去，从北边开始将红点轻轻地贴在睡着的小朋友的额头上，他们睡醒后一定很开心。小然和黄尚看旁边的小朋友得到了红点，立即闭上眼睛开始睡觉。罗钦元和王子木等我贴到他们旁边的时候赶紧趴得好好的，佯装睡着了。我也就当他们睡着了，给他俩也贴上了小红点。我坐到前面，继续观察这几个孩子，罗钦元一直保持趴着的姿势，黄尚和王子木也不再乱动，小然保持了大约五分钟又睁开眼睛瞧我，换个姿势，过一会儿再换个姿势。哈哈，即使睡不着，也没有影响别人，至少他也趴着休息了一会儿。

2013年10月8日　星期一　雨

国庆长假后上学的第一天，受台风"菲特"的影响，外面还下着中雨。小然和其他几个小朋友没有带雨衣，我就让他们先跑去食堂。小然夸我："周老师，你真可爱！"呵呵，从开学至今，我一直不许孩子们跑，今天让他们跑了一次，居然得到了这样的赞扬。像他这样好动的孩子，受着纪律的约束该有多辛苦呀！

2013年11月1日　星期五　晴

秋高气爽，中午吃完饭，我带孩子们到操场上玩了一会儿。看到阳光下操场上绿油油的样子，大家都很兴奋。我规定了班级的活动区域，孩子们就开始活动起来。好动的孩子追逐起来，安静的孩子坐在草地上聊起天，大家都很开心。

小然和王臻玩起了"爬赖宝"。先是两个人比赛爬，过一会儿又来了几个孩子一起爬。小然就像个指挥员一样宣布比赛开始，宣布谁获得了冠军。

爬了一会儿，这几个男孩又玩起了"赛滚"，我还是第一次见到这个游戏。几个人躺在草地上，比赛谁滚得快。看着励昱然玩得那么投入，我想：什么时候学习也能这么专注。

2013年11月28日　星期四　晴

语文老师出去听课，我组织放学。大部队出门排队，我跟几个打扫教室的孩子交代，等我回去检查完了他们再走。一会儿的工夫，就见小然哭着进来了，鼻子流的血染红了右边半张脸。我赶紧帮他擦血，并匆匆往他鼻子里塞纸。

细细一问才知道：排队时，他一个人跑到楼梯那儿"厮杀"，结果撞到了楼梯，把鼻子撞破了。

2013年12月4日　星期三　晴

今天教学生口算进位加法，快下课时，进入了"五角星大放送"时间，孩子们精神高涨，因为能一次全都说对的小朋友可以直接获得一颗五角星。

小然却哭了，哭得我莫名其妙。

我问他，他说也想算口算，说完又趴在桌子上伤心地哭起来，一直到下课哭了有三分钟的时间，小朋友们都下课了，他还在哭。我边收拾讲台边安慰他，他红着眼走到我身边，说："周老师，我也想算口算题。"于是我让他算口算，全对！我给他打上五角星，他才开心地走开。

从开学至今，他一直处于神游状态，上课时手上拿着铅笔当刀剑，自己一个人"嘿哈，嘿哈"地打斗。如果不让他在桌上放东西，他就用左手和右手比试。开始我用眼神提醒他，他全然不懂，于是我点他的名提醒他，他就停下来坐正，但不超过五分钟，又开始沉浸在自己的世界里"打杀"起来。

2013年12月20日　星期五　晴

真是开心的一周。

这个星期一直处于神游状态的小然忽然长大了许多，开始认真听讲了。周三时，整整一节课，他几乎都在听课，并且积极回答问题。我竖起大拇指夸他。他终于找到了学习的好状态，做到整整一节课都不摸东西，不活在自己打打杀杀的世界里了。然而周四，他却出现了意外。数学课上，他还是很认真地听讲、举手、积极回答问题。我叫他一次后就叫别的小朋友。谁知过了一会儿，他趴在桌上开始抽泣起来，我吓了一跳，以为他是哪儿不舒服。问了之后，他哭着说："老师，你不叫我说，我才说了一次。"

哈哈，忽然找到学习状态的他，真希望每个问题我都让他说。

开学这么长时间了，很多时候总是我用让他回答问题来提醒他认真听讲，现在他会听讲了，积极参与了，回答一次都嫌少了。

放学时，我遇到小然妈妈，跟她说起这事，小然妈妈告诉我，孩子这两天跟她说，他喜欢周老师，可是周老师不喜欢他。哈哈！小家伙。

2013年12月27日　星期五　晴

学校艺术节汇报演出，孩子们都很兴奋。

开场曲是《铃儿响叮当》，我第一次见识到小然的架子鼓表演。小家伙真是像模像样，服装、造型、节奏都到位，倍儿棒！

看着看着，我在想：这个乐器还真是适合他！手脚并用，使他沉浸于节奏的世界中。课堂上的表现是不是与他学打鼓有关系？还是他就有一种与生俱来的气质呢？

2014年1月23日　星期四　晴

期末调研考试结束了。QQ群里小然妈妈在说哪个学校考得好，哪个孩子考得好。感觉得出，她对孩子的成绩不是很满意。

数学98分，语文98.5分。

一大早，她到学校，我已经请她看过了孩子的试卷，错了一道口算题，9+8算成了15，错了一道"0~20里面共有几个1"的题目，复习期间做过，而且讲过，小然妈妈也说："这个怎么会错？"小然说，第一道错题他把8看成了6。妈妈很不满地说："你怎么这么粗心啊？"

几年来，这样的观察记录每一届都有，没有断过。我们建立了部分剖宫产学生的学习档案，并进行了相关跟踪研究，对有些学生的跟踪长达六年。这些记录看起来都是日常琐事，但是连贯起来、整合起来，屡屡会有惊喜发现。例如，一位数学老师看到一位学生翻书总是比别人慢，并据此猜测她是剖宫产儿童，在证实后对其进行了半学期的指导与观察，效果非常明显。又如，教师们还发现，剖宫产学生在数学学科学习中有些症状表现得很明显，如看错数字、漏做题目。还如，大部分剖宫产学生在课堂上有好动、注意力不集中，在体育活动中有动作不协调等倾向。当然，在学校里更多的变化是，大多数教师在面对学生的学习状况不好时都会变得谨言慎行，进行针对性教育时都要想一下这个学生是否是剖宫产儿，这个原因到底是生理性的，还是习惯性的，生怕自己失当的教育耽误了学生。

三、进行比照分析

根据观察记录和收集的基础材料，我们努力进行归因分析。在剖宫产学生完成学习任务、进行小组合作、学业成绩检测时，有意识地进行错题类型、失分率等方面的分析比照，看看剖宫产学生和顺产学生的差异，力求用数据来讲话。例如，在2019—2020学年第一学期期末考查后（2020年1月16日），我们曾组织教师对三年级剖宫产、顺产学生语、数、英三门学科的答题情况做了分析。学生总数853人，其中剖宫产547人，顺产306人，剖宫产率64.13%。

语文分析——顺产的学生在选择题和修改病句这两项中具有明显的优势，在阅读理解题这一项略有优势。完成选择题其实对学生的要求比较高，它需要学生对每一个答案都进行认真阅读、揣摩、比较，然后做出判断。在做这类题型时，我们通常要求学生每个答案都读，然后做出标记，最后再进行选择。通过比对发现，顺产的学生在做题的精细程度上要稍微高一些。另外，从修改病句这一题也可以看出，顺产的学生要稍稍细致一些，容易发现句子的错误点。从这类题目中还可以看出，顺产学生的语言感觉要好一些。从其他题目来看，像看拼音写词语、填字成句、仿写句子这类基础题，顺产学生的正确率比剖宫产学生要低一点，但不太明显；在基础的背诵、默写方面，剖宫产学生和顺产学生差别不大。

数学分析——只有口算这一项顺产学生的正确率比剖宫产学生的正确率高一些（+1.12%），其余题目剖宫产学生的正确率都比顺产学生高。对于数学中的易错项，如选择、填空、解决问题，这些有思维难度的题目，剖宫产学生的正确率都比顺产学生高出几个百分点，分别为2.21%、1.82%、4.24%，其余两项只高一点儿。竖式计算和作图仅高0.12%、0.36%。口算题可以说是整张试卷中最没有难度的题目，只要不是特殊儿童，就应该会算出正确答案。为什么做最没有难度的题目，剖宫产学生的正确率反而低呢？口算就看谁细心，这一现象从侧面说明顺产学生更细心、严谨一些。其余的题目剖宫产学生的正确率比顺产学生高，而学生做题的正确率与很多因素（如智商、特别数值的影响、家庭的重视程度等）都有关系。我们在研究分析时必须尽可能控制外因一致，如家长和孩子的交流沟通，家长对孩子在学习方面的关注程度……这些都能影响孩子学习成绩。

英语分析——数据显示，在听力、填词、选择、排序、连词成句及阅读理解六个项目研究中，顺产学生答题正确率优于剖宫产学生的共有四个部分，分别为：听力（+3.42%）、选择（+1.96%）、连词成句（+1.21%）、阅读理解（+2.63%）；顺产学生答题正确率低于剖宫产学生的共有两个部分：填单词（-1.16%）、句子排序（-7.03%）。从以上数据可看出，顺产学生的听力状况优于剖宫产学生；顺产学生的笔试状况优于剖宫产学生。班级成绩好的学生中，剖宫产学生与顺产学生差距不大。

上述分析中，在某些方面可以看出剖宫产学生成绩略逊一点（如看错数字、空题不做），但是，总体上学习水平相当。这在一定程度上验证了"二者在智力水平上并没有多大差异""10岁之后，差异逐步消减"等说法。

为了将理论与实践结合起来，我们利用一切可能的机会，不断地对一些敏感话题进行求解、求证。下面来分享几个有趣的故事。

"数"说疼痛度

在推高剖宫产比例的因素中，有一种是和分娩疼痛有关的。据说，在医学疼痛指数中，自然分娩的疼痛仅次于烧灼疼痛，位居第二位。而好多孕妇选择剖宫产，就是因为剖宫产手术不疼。对此，我觉得有些不可理解，把肚子都剖开了，怎么能不疼呢？一定是麻药起作用了吧——麻醉让人感觉不到疼。麻醉过后真的就一点都不疼吗？我不得而知。一次，江苏省人民教育家培养工程召集培养对象在南京开会，在会议接待处，我看到有一个全国妇产科专业培训也在宾馆举行。会议期间安排的自助餐，我们和妇产科的培训学员一起就餐，当时我主动向她们询问剖宫产疼痛的问题，她们也都说相对于顺产而言，剖宫产不疼，但无法具体说清楚怎么个不疼法。我灵机一动，问她们："如果把顺产的疼痛用10来表示，那剖宫产的疼痛大概能到几呢？"她们回答："1都不到，有时产妇还没啥感觉，手术就完成了。"

作为数学老师，当听到这两个数据时，我对这个问题的答案有点儿感觉了。用数字来描述疼痛度的灵感，来自我看过的电视节目——《动物世界》。有一期《动物世界》介绍外国一位研究毒蛇的专家要对全世界几种有名的毒蛇进行比较，分别从毒性、攻击性、灵敏度等方面予以星级评价，然后把几个指标的得星数汇总起来形成对这种蛇的总体评价。在对学生素质的评价中，等级评价、星级评价已经比较普遍了，其就是在不需要或者难以精准化的情况下所做的一个粗略划分。我想，疼痛度本身就是一种身体感受，且因人而异、因境而变，用数字来形容疼痛度，也算是形成一个粗略的估值吧。

亲历剖宫产手术

剖宫产儿童后天学习和生活中的差异表现大多源自剖宫产这一出生形式，特别是专家的报告经常讲述剖宫产过程中医生的"稳、狠、准"对孩子心理上的影响。到底这一过程是如何完成的？我决定穿上手术服亲历一场剖宫产手术。以下是我的观察日记。

2014年5月14日，在医院妇产科朋友的安排下，我亲历了一场剖宫产手术。

当我按照要求换上全套衣物来到手术室时，产妇已经在做手术前的准备了。只见她两手被平放固定着，旁边有呼吸机辅助其吸氧。因为采用的是局部麻醉，待产妈妈的意识比较清醒，神情自然，医生在和她做些交代。除了手术常识外，医生还特别提醒产妇，要想着："孩子，你马上就要离开妈妈的身体了！"助理人员在给产妇进行腹部外表的消毒，并一层一层地覆盖上手术布，大概有三四层，只把手术部位空出，最后将一张透明胶膜贴在手术部位。一切手术准备工作完毕。

8点13分，手术正式开始。主刀医生先在产妇的腹部划开一道口子，约有10多厘米长，然后在口子边沿取下宽0.5厘米左右的表皮，接下来就是逐渐将肚子剖开。为了便于婴儿出生，医生用手术刀又将皮下脂肪向两边剥离了两三厘米，直到能看到子宫。然后医生的手和器械协同作用，将产妇的刀口用力向两边拉伸。这个过程大概持续了2分多钟。

接下来就是最关键的时刻了。为了看得更加清楚，我站到了距离手术台很近的地方。只见手术刀一下子划开了子宫，子宫里的羊水喷射而出，都能听得到"呼——呼——"的声音，助产医生赶紧用器械吸取血水，并用棉纱布擦拭。一会儿，看到了婴儿的头部，医生赶紧用双手迅速将婴儿拉出母体。孩子顺利出生了，是个非常健康的女孩，预计在七八斤的样子。此刻，大概是8点18分。手术从开始至此共持续5分钟左右的时间。

然后，旁边的护理人员开始给孩子清理身体、扎脐带，并一边拎着孩子的脚使其悬空倒立着，一边拍打婴儿的屁股，一会儿，孩子就有了响亮的哭声。主刀医生开始清理胎盘。2分钟后，胎盘及手术杂物清理完毕，开始缝针。此时是8点20分，距离手术开始才7分钟。

和顺产相比，剖宫产的过程真的是非常迅速了，而且，产妇非常安静，没有喊叫和任何言语。医生和护理人员几乎是在闲聊中完成手术的，非常自然，毫无紧张的气氛。

应该说，我所看到的手术过程和此前从各方面得到的信息是非常吻合的，无论是疼痛度，还是"稳、准、狠"，或是时间短等，都不存在太多的差异。我就在想，如果不考虑孩子在自然分娩中羊水破裂后的挣扎、产道挤压后肺液的排挤以及身体触觉、神经系统的锻炼等因素，仅从顺利、快捷、简便的角度看，剖宫产的确有其特有的优势。然而，人的生长就是这样神奇，外在看到的只是"冰山一角"，潜在的因素或许发挥着更大的作用。这在一定程度上说明了人的成长是一个十分复杂的生命系统工程。

有趣的课堂观察

对剖宫产儿童进行行为观察是我们最常用的研究方法，有些教师的观察角度几乎涉及研究对象校园生活的方方面面，如课堂学习、课间活动、作业错误、体育活动、集体就餐、同伴交往等。有一天，我突发奇想，能不能反过来先观察一个孩子的活动情况，再去推测这个孩子是不是剖宫产呢？

又是一节一年级的校内研讨课，我站在教室里听课。之所以站着，是因为我想观察全班学生的课堂表现。半节课下来，我很快将目光锁定到表现比较特殊的5个孩子身上。他们的共同表现就是不怎么坐得住，虽说没有过分的肢体动作，但是扭屁股、扭腰或者不由自主地东张西望这些小动作还是不少，手上也要拿着个东西玩。即使在后半节课，他们这方面的表现也丝毫没有减少。下课时，我把这5位学生的名字记了下来，然后请班主任查找他们的入学登记信息，结果，5个孩子无一例外都是剖宫产儿。这一事件很快在学校里传开，为了拓宽观察面，我又在其他几个班级做了同样的观察实验，结果都一样。

我知道，这样的实验存在很大的偶然性，因为我们一年级学生的剖宫产比率本来就高达71.8%，随便挑5个，就有3个左右是剖宫产儿，加上我们的研究过程也存在偶然性——碰巧了，因而，在没有大数据分析的基础上，这样的观察信度还不够，不过，这能在一定程度上表明，剖宫产儿童的特殊行为表现是普遍存在且可以通过观察辨别得出的。

"秒杀"

做了两年的剖宫产儿童学习研究，好像自己在这方面的敏感性也增强了，时常会发生"秒杀"的事情，也就是在一两句话之间就做出判断。一次，学校里的一位数学老师告诉我，她班上有个孩子很好玩，她上课要求全班小朋友把书打开到具体页数时，这个孩子总是翻不到正确页码，或比其他人慢好几拍。我随后就问："这个孩子是剖宫产的吗？"她很好奇，赶紧查阅孩子信息，并告诉我说是的。

类似的例子还发生在我和徒弟的一次对话中：

徒弟：师父，问你个问题。我侄子二年级，这学期几乎都考80几分，粗心得要命，有好办法吗？

我问：是不是剖宫产的？

徒弟：是啊！

这样的例子我还可以举出好多。那众多的偶然性中是否存在着必然性？理论上肯定有，但这种"有"该如何来解释呢？似乎还找不到确切的答案。但是，它们总像一剂强心针，让我们更加坚定了对剖宫产儿童学习关怀研究的信念，也坚信这中间一定有宝藏可挖，有奥妙可寻。

"失算"的数据分析

在剖宫产儿童学习关怀研究中，我们一直试图采用量化研究的方法来做数据分析，开展对比研究。例如，为了研究一年级剖宫产儿童的跳绳协调性，我们统计了学生在进行针对性、个别化训练前后的各种数据，通过数据来分析训练效果。不过，有时也会出现事与愿违的情况。例如，一年级第一学期数学期末考试后，我们发现了一些出现在剖宫产孩子身上的错误类型（下图均为看图不细、数错数量——8朵花数成7朵、9朵），就将全年级学生出现的"看错数字""数错个数"等错误进行了对比研究（图4-1-1）。

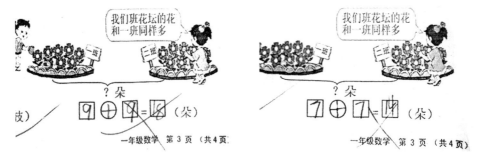

图4-1-1 "看错数字""数错个数"错误对比研究

按照初步想法，犯这些错误的学生中剖宫产儿童占比应该比较高。但是，从统计的结果及一年级学生71.8%的剖宫产比例来看，差异性并不算明显，甚至还偏低了一些。"不会列式"的比率虽然偏高，但是列式解决问题涉及观察、理解、思维等多种因素，单项指向性并不明显（表4-1-1）。

表4-1-1 统计表

错误类型	看错数字	数错个数	不会列式
错误总人数	19	19	22
剖宫产学生数	11	13	18
占比（%）	57.9	68.4	81.8

为什么这次数据统计"失算"了？我想了好多，是不是样本量太少了？全年级总共才320多个学生，涉及上面三项错误的也才63人。是不是考试成绩的差距太小了？全年级数学均分高达96.07分，其中满分的就有76人，在差距小的数据中寻找差距，区分度不大就很正常了。是不是预测本身就错了，大前提"剖宫产儿童某些方面学习表现异常"不存在？还是我们使用的检测方法不科学，没能有针对性地设置"陷阱题"？带着这些思考，我们将寻求更为科学的技术支持，进一步深化后续研究。

第二节　积极的关怀行动

做好观察、调查、分析，只是我们实施剖宫产儿童关怀研究的第一步，更重要的是对症下药，结合实际进行积极的干预，给他们以更多的行动关怀。

一、理论武装头脑

在学校生活中，要想很好地对剖宫产儿童实施人文关怀，首要的还是掌握最基本的科学理论。这方面的资料虽然不多见，但还是能找到一些的。例如，钱志亮教授在《儿童生理问题咨询》《科学的早期教育——培养聪明灵通的孩子》等书中，就对如何提高前庭平衡、改善触觉防御、增强本体感觉等提出了很多具体的建议。

通过给予前庭平衡器官以各种不同程度的刺激，可以使调节姿势反应的前庭平衡功能正常化，在其接受前庭平衡刺激的同时，还有助于其他感觉的统合。前庭功能对大脑整体功能起着重要作用，要想刺激前庭在知觉运动训练中得到广泛运用，可以让孩子接受下列运动训练：①旋转类，如原地旋转玩"转飞机"的游戏，玩木马、旋转椅子或在儿童乐园里玩"疯狂老鼠""过山洞"等。②摇晃类，如采取腹卧位、仰卧位、侧卧位、头脚颠倒等体位进行秋千、吊床等游戏，多背多抱。③平衡类，如走平衡木、平衡板等，练习走道牙、学习滑旱冰等。④跳跃类，如多在床上跳动、翻滚，在垫上运动等，或经常玩"蹦蹦床"。⑤姿势反应类，如让儿童多参加踏板车、沙坑草坪、滑梯、腹部爬行等游戏。⑥速度感、位置感、距离感的体验，如让孩子来回上下坡跑；让孩子一只脚着地，一只脚踏上滑板车；等等。

关于触觉失调的防治、矫治对策有：孩子还未出生时，孕妇多运动，特别是在胎儿八九个月的时候，妈妈要注意加强运动，通过走走停停的方式，来给孩子提供丰富的触觉训练。孩子出生时，要尽可能选择顺产。孩子出生后，妈妈一定要坚持母乳喂养，如果不具备母乳喂养条件，一定要为孩子提供非常丰富的触觉补偿。大人可以用软毛刷、干毛巾或丝绸等柔软的布类，轻擦孩子的背部、腹部、腕部、颜面部、手、脚等部位的皮肤。手背及前腕部和环境的相互作用、接触最多，是触觉防御最小的部位；而身体的腹侧部、颜面部、足部位对刺激敏感，触觉防御大，往往难以接受摩擦训练，因此是否要进行摩擦、使用何种工具进行摩擦，要考虑实际情况，不能强制进行。对于这些敏感的部位，可使用有骆驼毛的电动旋转轴辅助进行摩擦，使产生的刺激轻快而舒适。根据临床观察，摩擦口腔周围的皮肤对孩子触觉的发展以及语言的发育都有益处。另外，还可以让孩子进行刺激皮肤的游戏，如水中游戏、泥土游戏、抓痒游戏、涂料游戏、吹风机游戏、抓沙游戏、草坪上的裸足游戏等。一般来说，触觉刺激对神经系统产生影响的时间约在接受刺激30分钟以后，时间越长，效果越好，但也要根据孩子的耐受程度确定合适的时间。除了专门的家庭训练外，家长还要注意平时多爱抚孩子，如摸后背、亲脸等，也要为孩子提供干净自由的活动空间，利用好洗脸、洗澡、梳头的机会。给孩子毛绒玩具、进行关节推拿、玩咯吱游戏、玩挤压活动、玩擀面游戏、做"夹心馅饼"、玩钻洞游戏以及让孩子与父母同床睡觉等都有利于促进儿童触觉的正常发展。捏面泥、盲人摸象都是可以提高触觉能力的游戏，对触觉迟钝和触觉敏感的儿童有一定的治疗效果。捏面泥是让儿童用橡皮泥或和好的面团捏各种小动物进行手部感觉刺激的活动。盲人摸象是蒙上儿童的眼睛，用一个纸盒装上多种玩具，让儿童用手触摸物品并说出物品的名字。儿童通常会根据触摸到的物体的大小、形状、质地进行辨认，可训练其触觉区别能力和比较能力。

关于本体感觉失调的矫治策略有：参与能使肌肉紧张、收缩的运动，因为肌肉紧张、收缩有助于中枢神经系统本体感觉信息的输入。例如，跳绳、踢毽子、游泳、打羽毛球等。此外，要允许孩子舔、咬、撕、拉、拽，学习摔跤、拔河、爬绳、搬运东西、踩童车，这些对孩子本体感觉的发育都是非常重要的。还要注意对其口腔肌肉的训练，口腔肌肉的训练与语言能力相关。不要一听到孩子哭就把孩子抱起来，可以适当地让孩子哭一哭，让孩子感受自己不同的音调、音量，使其大脑神经与声带肌肉联系起来。要注重精细运动的训练，允许孩子涂鸦、拆东西，鼓励孩子穿珠子，鼓励孩子捏泥巴、面团等。要注意训练孩子的生活自理能力，让孩子学习使用筷子，学习自己洗脸洗手、擦屁股、系鞋带、扣扣子等。尽可能多地让孩子参加体育活动，如打球、游泳、跑步等。适当的体育活动不仅能使孩子健康、充满活力，而且能调整、刺激、提高孩子的本体统合能力。

这些建议具体实用，虽不完全针对学校教育教学生活，但很多是可以借鉴和移植到日常教学中的。例如，在低年级的体育课上增加许多锻炼学生协调性、平衡性的运动项目。

二、细节彰显情怀

考虑到剖宫产儿童视知觉能力发展可能偏弱，我们要求教师上课时尽可能把黑板上板书的字写大，让最后一排的学生都可以看得清清楚楚（也叫"最后一排效应"）；写板书时要多使用彩色粉笔且速度要放慢，以增强信息的刺激和感受强度；所用课件上文字、数字的字号不得小于28号。考试考查时，剖宫产学生使用的卷子，除了字号要放大外，还要尽可能增加行距，特别重要的地方采用加粗黑体字。

考虑到剖宫产儿童好动、多动的特点，班额又比较大，我们要求教师将动手操作型学习、合作体验型学习引入常规课堂，使学生在课堂上有肢体活动，同时还增加了课中操环节，避免学生长时间静坐。

三、做好一人一案

在做好上面要求的同时，学校更多地鼓励教师针对不同个体，做好一人一案，通过对家长的访谈，了解学生从小到大的生命历程，并通过日积月累的材料收集，掌握第一手资料。通过持续的跟踪、跟进，呵护其成长过程。利用家庭走访，向家长宣传剖宫产容易引发的后天学习问题，增强其对孩子的理解与宽容，与学校一起给予剖宫儿童以特殊的关怀。

2016年，"剖宫产儿童学习关怀的实证研究"被立项为江苏省教育科学"十三五"规划教育家培养工程对象专项重点资助课题后，我们及时总结前期研究得失，着重在以下几个方面进行后续跟进研究。

1. 拉长"视线"，增强连续性

原来的研究对象主要是小学低年级（6～8岁）的剖宫产儿童，经过调整，我们将研究对象前移到幼儿园大班，后延到小学六年级，前后跨度达7年（5～12周岁）。从人的成长角度看，孩子越小，各种生理问题、心理问题、学业问题的倾向性越明显。剖宫产儿童因为没有经过子宫的收缩刺激和产道的挤压，失去了一次非常重要的呼吸、触觉、本体感觉等学习机会，如果在后天成长中没有注意对其进行"补偿"的话，极容易导致其产生前庭平衡问题、触觉失调及本体感觉问题。从幼儿园开始关注剖宫产儿童身上的这些问题表现，可以让研究更有整体感和系统性，所实施的教育干预更有针对性和实效性，正所谓抓住关键期（事实上，还可以将研究年龄前移，皮亚杰认为0～2岁是儿童感觉运动统合发展的关键期）。此外，在长达7年的跟踪研究后，也更加能看出儿童在相关行为方面的发展变化，以及长期积极的教育干预所产生的效果，从而进一步提高研究结论的准确性。加上我们此前的一批研究对象（2013年开始）也从当年的一年级升到了六年级，这期间，我们一直在做连续的跟踪研究。

2. 拓宽"视域"，洞悉复杂性

（1）拓宽理论视野。我们集中阅读了北京师范大学钱志亮教授的《儿童生理问题咨询》《儿童心理问题咨询》《儿童学业问题咨询》等系列丛书，并与他展开面对面交流；同时，集中研究了50多篇公开发表的涉及剖宫产与剖宫产儿童发展方面的医学论文。经过专业解读，充分认识到开展剖宫产儿童学习关怀研究的复杂性。例如，剖宫产儿童容易出现视觉运动统合失调，像协调性不够，拍球、跳绳有困难。但是，"人类的遗传基因都有感觉运动统合的基本能力。在母体的子宫中，胎儿的脑感受到母体运动时，感觉就已经开始组合了"①。这就说明，剖宫产并非引起儿童出现感统失调的唯一诱因。又如，前庭平衡觉失调也是剖宫产儿童常见的问题，像左右不分、把字写反、方向感不强、空间定向困难、一转圈就晕等。但是，"母亲怀孕期间运动不足、保胎、胎位不正、羊水过多等，都会导致胎儿前庭平衡技能发育迟缓"，"儿童早期运动不足、坐小推车太多"等后天因素也会影响儿童前庭平衡功能的发展。②此外，在剖宫产儿童身上容易出现的一些倾向性问题，在顺产儿童身上也会出现，个别人的个别方面甚至还表现得比较明显。总之，通过理论学习，我们认识到儿童发展问题的成因是多方面的，先天不足（遗传基因、孕期营养、药物影响、出生方式等）、后天伤害（疾病感染、身体损伤、神经功能紊乱、内分泌失调、光污染等）、家庭抚养贻误（饮食不当、被动吸烟、睡眠欠缺等）、早期教育失当（过度保护、过早介入等）都是不可忽视的重要因素。

（2）拓宽时空范围。由于剖宫产儿童发展问题具有很大的复杂性，因此不能简单地将儿童身上出现的问题都归因为剖宫产手术，而应对其进行更为全面的了解。为此，我们打破校园的时空限制，通过与孩子的幼儿园老师交谈，请孩子妈妈讲述怀孕及生育过程中的故事和细节，集中一个孩子的所有任课教师交谈"会诊"等方式，最大化地掌握其成长信息，以便对其进行综合判断。渐渐地，我发现校内一部分经历了剖宫产手术的女教师，具有明显的研究优势——她们以自己的孩子为研究对象，十分熟悉孩子从胎儿到出生，再到慢慢长大进入幼儿园和小学的详细过程，对孩子身上出现的问题了如指掌，不仅对问题成因诊断得比较准确，针对性训练施行得比较到位，而且研究报告质量很高。

（3）拓展学科项目。本课题以"学习关怀"为中心，主要包括了解、研究、熟悉、掌握剖宫产儿童因出生方式的不同在学习方面可能出现的诸多

---

① 钱志亮.儿童生理问题咨询［M］.北京：北京师范大学出版社，2011.
② 同上。

问题，并对剖宫产儿童在各学科学习过程中出现的问题实施积极干预。应该说，这些方面的问题共存于各学科的学习中，但不同学科的研究主题也应有所侧重，如语文学科重点关注语言发展，数学学科重点关注视觉和注意力，体育学科重点关注运动协调性，班主任重点关注学生心理发展，等等。这样一来，差不多所有教师都可以参与到对剖宫产儿童学习关怀的研究中来。

3. 调准"视角"，解密独特性

2017年暑假，在本课题开题论证会上，专家们提议：鉴于剖宫产儿童成长过程中出现的各种问题归因的复杂性，通过大范围调研、大数据统计来得出普遍性规律是十分困难的，比较切实的做法是开展实证性案例研究，通过众多的"这一个"，总结出剖宫产儿童学习关怀的实践路径与可行经验。

2017年9月，我们在幼儿园大班和小学一年级选取了80多个剖宫产儿童作为重点研究对象（不含前几年持续关注的学生和部分教师的剖宫产子女），对他们的日常行为和学习表现做了观察记录，并努力从多个角度探寻出隐藏在现象背后的本质，辅之以积极的干预行动，提高剖宫产儿童的学习与生活质量。事实证明，研究思路和研究视角的调整很具实效性，催生了一批典型案例。

在长达8年的剖宫产儿童学习关怀研究过程中，我们和上百位教师、家长以及教科研专家、学者进行过对话，几乎所有人都对这一话题感到好奇，尤其是经历过剖宫产的人，会不由自主地拿我讲解的理论和自己孩子的成长经历进行比照，应该说，比照的总体情况是相似度较高的。当然，也有人反映自己的孩子开口说话并不晚，协调性并不差，胆子并不小，视觉能力并不弱，比较安静并不好动，甚至各方面比同龄人起步还要早、发展得还要好。还有人总是会询问："剖宫产好的地方在哪里？""顺产也有不好的地方吗？"应该说，提出这些疑问都很自然，也很实际，然而要给出准确的答复，也很困难。但是，从研究的角度看，大家的表现和疑问还是能带给我们很多思考的。

（1）正确看待群体和个体的关系。剖宫产对儿童的衍生危害是就剖宫产群体而言的，并不代表每个个体或者每个个体的所有方面都一定能"对上号"。例如，说话起步晚。就我身边的例子而言，确实几个开口说话比较晚的孩子都是剖宫产。我小姨子的儿子是早产儿，因为是高龄产妇，加上肠梗阻手术、剖宫产手术一起做，导致孩子出生后差不多2周岁才会说话，不过他的注意力超好，6个月时听到中央电视台《新闻联播》的开播音乐就能端坐在电视机前看完30分钟——尽管在我看来他好像什么都看不懂；他的记忆力也很好，到街上不经意间看到一样东西，数日后再次路过还能记起来。我姨侄家的小男孩属于十月怀胎正常剖宫产儿，2岁半才会说话，孩子现在已经上四年级了，平时少言寡语、文静秀气。但是，我外甥家的女儿，也是十月怀胎剖宫产儿，可她的语言发展、动作协调能力、注意力等各方面一点不比顺产孩子逊色，甚至还很出色，主持、舞蹈都很棒。这充分表明，研究剖宫产儿童必须要建立"个体"思维，每一个生命都是不一样的，每一个孩子都具有无与伦比的独特性，切不可以偏概全、以点带面，更不能生搬硬套。

（2）万万不可戴着"有色眼镜"看人，谨防"贴标签"。我们提出给剖宫产儿童以特别关怀，并不是说进行过剖宫产就犯了什么大错，也不意味着剖宫产孩子就"低人一等"，而是要从生命科学的角度来关注孩子的成长，不能因为我们的无知而给孩子带来莫名的伤害。这就好比男孩、女孩不一样（基于性别差异带来的各种身心发展差异），小孩和老人不一样，本研究属于正常的人的发展差异性研究。人的成长是不可逆的，更何况幼儿、少年时期是一个人智力、习惯、情感发展的关键期。事实上，随着年龄的增长，剖宫产儿童和顺产儿童的诸多差异都在消减（有研究表明，10岁以后差异就会明显减少），至少目前还没有科学的研究成果证明成年人因出生方式不同而在视觉、听觉、触觉、本体感觉、前庭平衡等方面出现特别大的差异。故而，这个话题的提出，其意义就在于我们对孩子的教育多了一个新的视角（特别是在10岁之前的成长阶段，这个阶段既无法消失也不可逾越），其价值远远超过研究本身。用钱志亮教授的话来说，就是由了解生命而生出一种敬畏，由敬畏生命而生出一种珍惜，因珍惜生命而善待生命，因善待生命而呵护生命，因呵护生命而捍卫生命！

（3）我国剖宫产比率持续攀高的势头得到了控制，出现了反转，这是值得庆幸的事。随着科学技术、医疗技术的进步以及人们生育观念的转变，新生儿剖宫产率应该还会有所下降。但是，受各种因素的制约，毕竟还是会有一定比例的孩子在出生时不具备顺产条件，因此，产妇必须剖宫产时就应该遵从医嘱实施剖宫产，世界卫生组织15%的剖宫产比率就是专门为她们设置的。这也充分表明，剖宫产术和剖宫产儿童的成长研究都将是永恒的话题，世界上哪怕只剩下一个剖宫产儿童，我们都要尊重他，以适合他的方式来爱他，呵护他健康成长。

第三节　特别的爱给特别的"你"

在整个研究过程中，由于缺乏专业而系统的科研支持，特别是难以开展大数据研究，我们比较多地用观察、记录、描写、访谈等质性方式进行案例研究，特别是个案研究。当我们面对着一个个剖宫产儿童时，就感觉所有的理论都生动鲜活了，所有的研究都变得真实而有温度了。本节精选案例的完成者为本课题研究核心成员唐小琴、吉红云、康缪燕、丁储丽、周宏凤、周正娟、夏云、史有军、徐仁凤、曹淑萍、蔡领娣等，主题涉及语文、数学、英语、体育等学科以及口语交际、触觉防御、胆怯心理、人际关系等问题，角度多样，内容丰富，期望大家能与之产生共鸣，获得启示。特别说明，为保护个人隐私，案例中的学生姓名均为化名。

案例 ① 一年级剖宫产儿童语文学习指导策略研究

剖宫产儿童相对于顺产儿童更容易形成感觉统合失调。本文从一年级剖宫产儿童语文学习中的视觉和语言发展两方面观察入手，针对他们在一年级语文学习中出现的各种症状，在形近字母、汉字的辨识、正确朗读能力的培养等方面，积极探索有助于剖宫产儿童走出学习困境的方法，切实提升他们的学习水平。

作为一名有近20年教龄的语文老师，从一年级教到六年级，学生换了一茬儿又一茬儿，对于学生在学习中出现的各种带有共性的学习问题，如字母写反、偏旁颠倒，读课文时添字、少字，词语读颠倒等现象早已司空见惯，反正每年都有学生犯同样的错误，错了就反复纠正，直到正确为止。对于学生为什么会出现这样的现象，我一直简单地将之诊断为"不够细心"，为态度使然。

2017年9月，我再次接手一年级，恰逢学校的"剖宫产儿童学习关怀的实证研究"在一年级全面铺开。开学第一天，我对班上的学生进行了一次出生方式统计，数据着实让我吓了一跳，59名学生中就有40人是剖宫产儿童，占总人数的67.7%，而顺产的只有19人，占32.3%，剖宫产儿童已然成了班级的"主力军"，真不可小觑。

剖宫产儿童因为出生方式与顺产儿童有别，他们一出生就和这样一个词——"感觉统合失调"有了千丝万缕的联系。何鸿雁等人的研究表明，"分娩方式对儿童的感觉统合功能存在着影响，即剖宫产出生的儿童其感觉统合失调检出率高于自然分娩的儿童"。[①]

感觉统合失调是指来自外部的感觉刺激信号无法在大脑神经系统进行有效的组合，机体不能在大脑的指挥下协调地运作。出现感觉统合失调的儿童，其认知能力与适应能力以不同程度被削弱。北京师范大学钱志亮教授列举了剖宫产导致儿童感统失调后在前庭问题上的主要表现：注意力涣散，字常写错、写反、读错，阅读时常常丢字、串行……[②]

在语言发展方面，部分剖宫产儿童说话比较晚，还常常伴有口吃等口齿不清的现象。这些现象确实总能在教过的学生当中"找到影子"，现在想来，也许当年这些学生中的一些人并不是简单的"态度不认真"，而是存在剖宫产所衍生的系列问题。

为了验证专家的观点，我开始关注班上剖宫产儿童的学习情况，作为语文学科的教师，我有意将观察重心放在了剖宫产儿童在视觉和语言发展方面出现的学习问题。在对班级40名剖宫产儿童一学期的语文学习观察中，我

---

① 何鸿雁，张艺，杨艳，等.分娩方式对学龄期儿童感觉统合各维度的影响［J］.中国儿童保健杂志，2013（12）：1136-1138.
② 钱志亮.儿童生理问题咨询［M］.北京：北京师范大学出版社，2011.

发现剖宫产儿童在一年级第一学期表现出来的衍生危害最为明显，特别是在汉语拼音学习期间、汉字书写与课文朗读的起步阶段，主要表现症状为以下几种。

一、字母、汉字反着写

汉语拼音是儿童入学后就接触的内容，有几组字母较难区分，像b和d、p和q、t和f，它们是教学的难点，特别是对于感觉统合失调的剖宫产儿童来说更是一道难跨的坎儿。在有些孩子的眼里，b和d、p和q长得就是一样的，他们看到什么就写什么，但写出来的却都是反的，就跟镜像文字一样。图4-3-1中①和②是同一次汉语拼音练习中两个剖宫产儿童写反的字母，③是一次课堂作业中，一个孩子将"广"字写反了，三个不同的孩子，错在了不一样的地方，但都是同一类现象。写声母的这道练习，班上19名顺产儿童没有一个写反、写错的，正确率为100%，而40名剖宫产儿童中就有2个写反了，还有的将字母在四线格里的位置写错了，正确率只有91%。

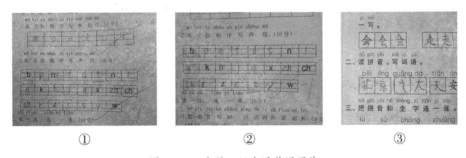

① ② ③

图4-3-1　字母、汉字反着写照片

二、词语前后颠倒读

一节《春夏秋冬》的识字课上，一组学生正在讲台前汇报他们的学习情况，他们选择的是4个人一起给大家读韵文。韵文中有这样一句话："池草青、山花红、鱼出水、鸟入林。"四个词语两两对仗，特别工整，读起来也朗朗上口。

可是这组学生却读得磕磕绊绊，仔细一听，他们中有2人读的是"池青草、山红花"，一个词语中的前后两个字颠倒过来了。课后，我打开电脑核实他们入学信息登记中的出生方式，发现这两个学生"剖宫产"一栏打着"√"。两个剖宫产儿童同时将同一词语读颠倒了，这是100%的命中率，当然，在平时的课文朗读中，剖宫产儿童添字、少字的现象也不胜枚举。

三、口齿不清阅读难

班上19名顺产儿童口齿清楚，发音标准，语言发展一切正常。而在这40名剖宫产儿童中，有一名剖宫产儿童说话时所有的发音都是平舌音，没有卷舌音；一名学生口齿严重不清，与人交流时，对方常常不知所云；还有两名学生在重复他人所说的内容时，语音模仿困难、口齿不清楚，这些孩子在学习阅读时困难重重。

从观察结果中我们可以发现，剖宫产儿童在一年级入学初期，特别是在一些特殊的学习内容上所表现出来的学习障碍特别明显，作为教师，应该有针对性地加强学习指导，帮助他们走出由剖宫产危害衍生的学习困境。我的做法有以下几点。

（一）聚焦特征，提高辨识能力

剖宫产儿童的视觉能力低，其中一个重要的表现就是容易把形近的字母或形似的字写错，如b和d、p和q、t和f。对于视觉分辨能力不佳的这部分孩子，相似字母里其中一部分在上下、左右所发生的变化，在他们眼里都是难以分辨和记忆的。因为其各种感知觉（感觉和知觉）在统一整合时不协调，或许孩子眼睛看到的是"b"，可是反映到大脑再通过手写表现时，却成了"d"。

1.编儿歌，识形状

一年级的儿童生性活泼，以形象思维为主，我们可以充分利用教学挂图、字母卡片以及实物，让儿童在充分观察的基础上根据字母形状编儿歌识记：像个6字b-b-b；像个9字q-q-q，一扇小门n，两扇小门m……这些儿歌将声母中最容易出错的地方指了出来。例如，在教学声母"t"时，已经学过的声母"f"就会对一部分学生造成干扰，这个时候就可以让儿童去找它们不同的地方，儿童的方法最贴近他们的生活：伞把朝上f，伞把朝下t；一根拐杖f-f-f，一把小伞t-t-t。应该尽可能多地让孩子说出自己的识记方法，因为每个孩子的识记方法不一样，一个方法适合这个孩子，也许并不适合另外一个孩子。

2. 手指操，识位置

视觉记忆能力不强的孩子在识记字母时，视觉在其大脑中留下的记忆出现了位置、形状或空间颠倒的错误。当他只记住了"像个6字b-b-b"这句儿歌时，写下的有可能是"d"。这个时候，我们就可以在课上让孩子做简单的手指操，使其在动手操作中强化对半圆的书写位置的记忆。下图（图4-3-2）就是用大拇指和其余四指摆出的字母"d"和"b"。为了强化儿童对半圆位置的识记，我们还可以在儿童基本会用手指摆字母形状的基础上加大训练难度。例如，可以让儿童试着用两只手摆出字母"b"和"d"，还可以开展"听口令"比赛，当老师说出一个字母时，比比哪个小朋友最先摆出了字母形状。这样的训练有助于协调儿童的手、脑、眼等各方面的能力。

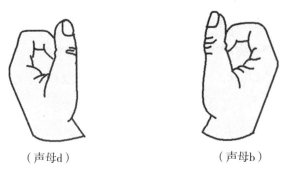

（声母d）　　　　　　　　　（声母b）

图4-3-2　手指摆字母图

3. 练书空，识方向

感觉统合失调的孩子对字母形状的辨识水平相对较低（往往方向感较差，具体表现在字母书写中），对于字母中的一些笔画走势常常会写反了，如将t写成ᴛ，将s写成ƨ。针对这一现象，我们在黑板上写板书时可以写得大点，而且可以将学生容易出错的部分用颜色不同的笔标出，并用箭头标注字母的书写方向，帮助孩子区别识记。还可以和孩子一起玩用手指写字的游戏，带着孩子一起书空，在半空中写，在课桌上写，在手心上写，不断反复，让孩子发现运动规律，从而帮助其识记。

（二）循序渐进，加强朗读指导

低年级朗读训练最基本的要求就是读正确，要做到不错字、不添字、不掉字、不颠倒。而"读正确"这一最基本的要求对于感觉统合失调的剖宫产儿童来说依旧是相当困难的。视觉感不良的儿童无法流利地进行阅读，经常出现跳读、漏读、多字、少字的现象。在朗读教学中，我们可以将这些要求逐条分解，慢慢渗透。

1. 学会指读

刚开始学习朗读时，我们可以让学生学习指读，做到左手压书，右手点字，眼看书本，心随眼动，一个字一个字地过目朗读。从心理学上讲，指读能引起学生的有意注意，生字在学生指读时不断形成条件反射，有利于集中学生的注意力，强化其对音节和字形的辨识，提高其识字效率，使其避免漏读或错行，同时还可以训练其手眼协调能力，发展其听觉和大脑思维能力。在训练一段时间以后，可以让其逐步将指字读变为指行读，从最初的一字一指，变为手指随着朗读轻轻在文字下面划过，进而提高朗读速度。当然，指读是剖宫产儿童开始接受朗读训练的桥梁，它只是一个过渡。

2. 学会捧读

随着朗读水平的逐步提高，我们可以训练学生"连字成词、连词成句"的意识，使其彻底告别指读。学生需要双手捧书，双眼找字，字字入目，连字成词，连词成句，我把这个称为"捧读"。让学生试着用眼睛代替手指去寻找文字，由一个字到一个词，再到一个短语、一个句子，不断拓宽眼睛看文字的辐射角度，增加每次眼睛看到的字数，增强其联系上下文了解字义的能力，逐步提高其整合速度，这样可以使其避免将词语读错、读颠倒。

3. 学会停顿

当然，在有了"连字成词、连词成句"的意识后，剖宫产儿童相比顺产儿童还是容易将句子读错。所以在读长句子时，我会指导他们用符号在长句中做记号，教给他们断句的方法，并且告诉他们只有在有标点和记号的地方才可以停顿。例如，一年级上册的《雨点儿》这篇课文里第一次出现了长句子，教学时，为了强化这种停顿意识，我有意将停顿符号用红色斜线醒目标出：不久，有花有草的地方，花/更红了，草/更绿了。没有花/没有草的地方，长出了/红的花，绿的草。当读到斜线的地方，我会辅以手势让他们注意停顿。长句子的朗读，开始是需要教师手把手帮助学生断句的，经过一个阶段的训练后，他们就能够正确断句了。

总体而言，作为一种出生方式，剖宫产必将长期存在，毕竟，在不具备顺产条件时，剖宫产依然是医学首选。正确看待剖宫产的衍生危害，有效地对学生进行学习指导，是一门新兴的科学，需要持续不断地深入研究。我们要特别认清其中的复杂性，虽然剖宫产儿童普遍存在一些问题倾向，但这些问题并非一定会在每一个剖宫产孩子身上表现出来。就一名剖宫产孩子而言，也并非其所有的方面都会表现出明显的倾向性特征，个体有差异，程度有差别，有的孩子在某些方面甚至会表现出明显的优势，这都是常见的现象。特别是一些正常的顺产儿童也会有不同程度的感觉统合失调状况，二者之间又该如何去把握和区别，这更需要有辩证的思维和科学的眼光。

案例 ② 一名剖宫产儿童言语学习的个案研究

剖宫产儿童中有不少孩子会出现视知觉缺陷，而视知觉发育不充分的儿童容易出现相应的学习障碍，如字母、数字混淆，平时学习注意力不集中，阅读时常出现的问题有增字、漏字、前后颠倒或跳行……本文作者结合自己孩子在言语学习中的异常表现，意在探求其背后的原因，并给予孩子积极的引导，提升孩子的学习效果。

一、缘起：反写字母引起的关注

因为害怕顺产带来的疼痛，2009年8月，在没有任何临盆迹象的情况下，我在医院挨了"温柔一刀"，剖宫产下了儿子睿睿。在后天的成长过程中，在我们的精心护养、用心陪伴下，睿睿健康成长。

2015年9月，儿子顺利进入小学。然而，他在入学的第一个月就给了我迎头痛击。一些形近的字母如b和d、p和q、t和f，他总是不能准确认读。书写翘舌音sh时，字母h完全转了个方向（图4-3-3）却不自知。

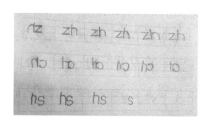

图4-3-3　字母图

这让我回想起睿睿上幼儿园时，总把"煤气灶"说成"煤灶气"。上小学认字后，他身上类似字序颠倒的现象更是屡见不鲜。他会把班主任"施秀梅"说成"施梅秀"，把同学"周子天"说成"周天子"，还有"莫斯安利（莫斯利安）""炉锅（锅炉）""纹指（指纹）""鳞次比栉（鳞次栉比）""李钰昌（李昌钰）""沙尖咀（尖沙咀）""杆栏（栏杆）""章徽（徽章）"等。

慢慢地，睿睿身上注意力不集中、动作不协调等问题也开始浮出水面。比剪刀手时，他总是拳心向内，手背向外；跳绳从来都不能连贯；好动，坐不住，小动作不断……

二、究因：感觉统合失调带来的困扰

儿子上小学后这些井喷式出现的问题让我始料未及，班上也有不少孩子出现了和我儿子类似的情况。是什么原因让我们的孩子如此"粗心大意""不定神"呢？我苦苦追问，多方查因。最终，儿子身上出现的几乎所有问题都指向了"剖宫产引起的感觉统合失调中的视知觉能力缺陷"这一理论。

所谓感觉运动统合，是指人的大脑将各种感觉器官传来的感觉信息进行多次分析、综合处理，形成有效率的组合，并做出正确的应答，使个体的各个部分在外界环境的刺激中和谐有效地运作。如果感觉器官感受到自己的能力或大脑的统合作用由于某些原因不能正常运转，或传入大脑的信息被错误地处理，导致机体不能对外界刺激做出恰当的、正确的反应，从而出现一系列行为、情绪方面的问题，就称其形成了感觉运动统合失调。①美国南加州大学心理学博士艾尔丝教授认为，感觉统合失调的主要特征包括躯体运动协调障碍、触觉防御障碍、身体平衡功能障碍、空间知觉障碍以及视听知觉言语语言障碍五个方面。

王黎教授认为，视知觉能力又分为四种能力：视觉联想能力、视觉记忆能力、视觉辨别能力、手—眼协调能力。一旦视知觉能力发育不足，就会出现各种学习障碍。②南京市儿童保健所所长童梅玲教授对感觉统合失调中的视知觉缺陷进行过深入的研究。她认为，视知觉能力发育不足的儿童会出现相应的学习障碍，如"上"和"下"、"手"和"毛"分辨不清，数字混淆，平时学习注意力不集中，运动技能差，动作协调不良（特别表现在双手的精细运动上），阅读时常增字、漏字、前后颠倒或跳行，写字时常多一笔或少一画，部首张冠李戴、左右颠倒……③

纵观儿子的诸多表现，我发现他的视知觉发展能力存在明显的缺陷。担忧的同时我又不由生出一丝庆幸，还好儿子种种问题的密码已被破译，生理学的暗箱被解锁。作为家长和教师，我们千万不能因为自己的无知而给孩子带来二次伤害，要从生理学、教育学的角度关注孩子，帮助孩子更好地成长。

三、干预：适切的训练助力健康成长

儿童时期是视知觉发育的关键时期，随着社会的发展，人们对学习和生活的要求越来越高，在幼儿园和低年级儿童中，学业对儿童视觉信息处理的能力提出了更高的要求，这时如果存在视知觉发育缺陷会加重儿童的行为问题和学习困难。为帮助儿子更好地开展学习活动，我进行了如下尝试。

---

① 钱志亮. 儿童生理问题咨询［M］. 北京：北京师范大学出版社，2011.
② 王黎. 儿童视知觉发育的研究进展［J］. 中国儿童保健杂志，2012（6）：519-521.
③ 童梅玲. 关注学习障碍儿童的视知觉［J］. 教育生物学杂志，2015（3）：113-117.

1. 第一时间正面强化

在与陌生人交往的过程中，我们总能形成对对方的最初印象。这一印象并不总是正确的，但却总是最鲜明、最牢固的。这种第一印象效应推及儿童与学习材料的第一次见面，就是儿童对学习材料的第一认识，这个第一印象将决定儿童今后与学习材料进一步交往的情况。因此，在儿童第一次认读学习材料时，就要确保儿童的认识是正确的，出现错误发音要及时对其进行纠正，在第一时间对其进行正强化，其在今后进行该行为时得到正确结果的概率就会进一步增加。

譬如，有一天，儿子看完《百科全书》，晚上聊天时，他突然问我："妈妈，我们的身体是不是由很多胞细组成的？""胞细"？是"细胞"吧。于是我立即纠正他的错误。也许他没有听进去，又说了一句"胞细"，我再次进行了纠正，并且将"细胞"这两个字在纸上写得大大的给他看，并贴在家里的墙上。于是在后来的聊天中，他没有再出现这个问题。

2. 提升视知觉辨认能力

寓教于乐，轻松活泼的游戏能让儿童在不知不觉中学到知识、锻炼思维。晚间，我们家经常在一起玩纸牌游戏。自从发现了儿子的这些问题后，我们的游戏也从纯粹的娱乐变成了有意识的训练。我们把纸牌分成两份，我找出一张牌，要求他在另一份中找出数字相同的纸牌。几次之后，要求其提高速度，并用记小星星的方式来对其进行奖励。渐渐地，儿子迷上了这样的纸牌游戏，我也从中看到了他的显著变化：他找到相同数字纸牌的速度越来越快，即使用两副纸牌，他的速度也很快而且失误率越来越低。如此变化使我感到非常欣慰，更增添了对他的信心，同时收获了温馨的亲子时光。

字词练习卡片在训练中也是必不可少的。我翻出了在儿子很小的时候我购买的一套字词卡片。一张完整的卡片分为两部分，左边是各种交通工具的图片，右边是字母和名称，交接处设计成凹凸型，很有艺术感，儿子很喜欢。于是我利用这一套卡片对儿子进行图片与词语的配对训练。在有些字不认识的情况下，他边猜边配对。多次练习后，这些字他已经全都认识了，并能够迅速配对。后来，我们又购买了其他种类的卡片对儿子进行配对训练，效果也很好。再后来，我将这些卡片全都混合在一起，进行分类比赛。一开始，儿子总是没有我快。在我的鼓励下，他渐渐地赶上了我的速度，而且正确率也越来越高。

毫无疑问，这样的游戏在不知不觉间刺激了孩子的视知觉，使他的视觉辨识能力得到了很好的发展，且在这样的无意识活动中，孩子渐渐变得热爱文字、数字，爱上学习。这种"润物细无声"的学习活动想来是最贴近儿童的。

3. 构建视动整合能力

视知觉包含了视觉接收和视觉认知两大部分。视觉认知包括视觉效率和视觉信息处理。视觉效率包括调节、双眼视觉和眼球运动；视觉信息处理包括辨别力、空间意识、记忆和与其他感官的整合。[①]从儿子反写字母，"6"和"9"混淆等情况看，我发现他的空间意识比较薄弱，需要训练他的视动整合能力，也就是视觉和动作的协调能力。因此，我有意识地加强对儿子空间意识的培养。我买来了几套积木，有木质的，有塑料颗粒拼装的，有时间就陪他一起拼装。起先，我陪他拼搭大颗粒的木质积木，先从平面开始，搭院子，搭围墙，接着搭简单的房子。因为木质积木体积较大，因此他能较快地拼搭到位。

在他大动作技能训练得比较好的基础上，我又陪他拼装小颗粒的塑料积木——寻找合适的颗粒并对照图纸安装到相应的位置，以此来训练他的精细动作，完善其视动整合能力。刚开始拼装时，儿子总把方向弄反，于是我要求他把图纸和积木放在同一位置进行拼装。渐渐地，他能够安装到位了。于是我慢慢增加积木颗粒，不断刺激他的视知觉。如今，他只要迅速瞄一眼图纸就能快速准确地安装好500多颗粒的积木了，甚至还会自创积木拼装新方法。一段时间之后，他的空间知觉不断获得训练，视动整合能力不断得到提高。

---

① 张树东，谢立培，冯译，等. 中国1～4年级小学生视知觉发展研究［J］. 心理科学，
  2017（1）：110-116.

4. 多项活动全方位辅助

有研究表明，人的视动整合能力在7岁时达到顶峰，视动整合能力和视知觉能力均在二年级呈现发展态势，且随着年龄增长而逐步增强。在生活中，我为儿子量身打造了很多辅助性活动，如逻辑狗迷宫游戏、拼图游戏、纸牌搭高楼游戏、脚步绕球训练、乒乓球练习等，这些活动都较好地促进了他视知觉的发展。在丰富多彩、全方位、循序渐进的训练活动中，儿子的言语表达能力得到了很大程度的提升。在口头表达上，他说话字序颠倒的现象已经很少出现了；在书面表达上，他的数字书写、字母书写也很少出现错误，视觉辨识能力得到了很大的提升。

更值得欣喜的是，这些指向视觉的训练，意外地让儿子对语言学习产生了浓厚的兴趣。他爱上了认字、读书，对历史、地理、百科、童话、漫画等各类型的书籍都非常喜欢。我整套整套地给他买各类书籍，他如饥似渴地汲取书中的营养。他看书时无比安静、专注，看完后与他交流，我发现他基本上能把整本书的内容记住。更重要的是，他在看书的过程中学到了很多语言，在很多情境下蹦出的一些词语或句子实在令人意想不到而又用得非常贴切，口头表达能力很强，常常令同组老师啧啧赞叹。

四、思索：换一个角度关爱孩子

1. 生理学关怀不可或缺

儿童身上表现出的问题的背后有很多原因，这些因素或许源于他的出生方式。生命是一个不可逆的过程，从生理学的角度，我破译了儿子表面现象背后所隐藏的生命密码。作为一名教育工作者，我会面对更多的孩子。那么，这些孩子都有着怎样的出生方式？他们某些独特的表现又在向我们诉说着怎样的成长经历呢？是不是每一个剖宫产儿童必然会出现感觉统合失调的一些症状呢？这就需要我们教师从生理学的角度走近儿童、亲近儿童、善待儿童。

2. 因材施助是最好的关爱

世界上没有两片相同的叶子，每一个儿童都是一个独特的生命个体。在教育过程中，我们教育工作者要关注每一个儿童，发现他们的个体差异，关注儿童的身体、习惯等各方面的差异，从各个角度去观照儿童，了解每个儿童个体现象背后的生理学因素，根据每个儿童不一样的表现因材施教、因材施助，这是给孩子最好的关爱。

3. 教育要坚守儿童立场

每个孩子都是家庭的全部希望，孩子的成长离不开父母、老师的陪伴。父母是孩子的第一任老师，孩子的一举一动在熟悉他的父母眼里都是成长的印记，值得珍藏、研究。毋庸置疑，儿童在家庭里一定是自我的，而作为教师，在教育活动中，我们应该坚持儿童本位立场，对儿童、对教育保持一颗敏感的心，敬畏科学、关注个体、勤于研究、勇于实践，这样一定能对剖宫产儿童有更多的了解和发现。

当然，我的研究只针对自己的儿子，因为他与我朝夕相处，我更能从他的言行中发现这些问题，及早研究、及时干预，以使他健康成长，希望我的研究能给有相同情况的儿童带来一点助益。

案例 ③ 剖宫产儿童视觉统合失调问题矫正的个案研究

剖宫产儿童视觉统合失调表现为阅读困难，常会出现跳行、翻书页码不对、抄错题目、写错字等视觉上的错误，并易产生疲劳。在平时的语文练习中，剖宫产儿童的读题、解题表现尤其引人关注。本研究重点从剖宫产儿童的作业练习入手，整理他们在做练习前、练习中和练习后的多种表现，分析其原因后努力针对各种情况对其进行相应的干预，逐渐让孩子形成趋于常人的视觉统合。

感觉统合是美国南加州大学心理学博士艾尔丝教授在1969年提出的一个研究观点。感觉统合是指大脑将从身体器官传来的感觉信息进行多次组织分析、综合处理，做出正确决策，使整个机体和谐有效地运作的生理活动。各种原因使感觉刺激信息组织不良，即中枢神经系统不能进行有效率的组合，进而整个身体不能和谐有效地运作就被称为感觉统合失调。[1]

其中，视觉统合失调表现为阅读困难，常会出现阅读跳行、翻书页码不对、抄错题目等视觉上的错误，并易产生疲劳、写错字、算错数和看书串行等问题。另外，也常表现为在生活中丢三落四，似乎经常在找东西。本文的研究对象小涵，正是出现了视觉统合失调问题。

一、研究对象视觉统合失调问题的现状调查

1. 练习前手忙脚乱

在做作业时，一年级的小涵会无法集中精神，有时甚至口中念念有词，总爱用手指或者笔尖去挖橡皮，甚至反复摆弄尺子和铅笔、笔帽，发出不小的噪音。于是坐在他邻座的孩子便会不住地抱怨，甚至会跑到我这边来打小报告。

一次我刚向全班布置了一项课堂任务：完成同步练习第20页前四道题目。要求提得很仔细、很清楚，必须看清页码、看准问题、认真思考后再下笔答题。几乎所有孩子都做好了充分准备，提笔思考起问题来。我看向小涵的座位，人呢？好家伙，还在埋头寻找自己那本不知所踪的练习册。由于没能在书包里找到练习册，这孩子干脆蹲在地上翻找课桌抽屉，满地狼藉。这不是他第一次发生这样的事了。我稍稍回忆了一下，每当全班埋头奋笔疾书之时，始终不在状态的往往是剖宫产孩子。

同桌快完成第一大题了，小涵终于找到了练习册。这时候凭借模糊的听课记忆，他慢吞吞地将练习册随意翻到一页，拿出一支笔头不怎么尖的铅笔正要写。我刚好巡视到他身边，一看题目怎么不对？原来页码翻错了啊，是20页，他却翻到了24页。这糊涂孩子怎能不让人着急？

上了二年级，学习任务日渐增多，他身上的毛病却越来越明显，大家对他的意见只增不减。面对他人的抱怨和数落，他对待学习这件事越来越敷

---

[1] 卜志强，孔令斌，朱晓杰，等. 不同分娩方式与感觉统合失调的关系［J］. 济宁医学院学报，2008（3）：181-183.

衍，也就更不会有足够的学习兴趣和激情了。

2. 练习中惶惶不得

练习过程中，小涵总会出现书写笔画颠倒、笔画数记忆模糊的现象，屡见不鲜。如图4-3-4：他会将"年岁"的"年"字中的关键笔画写颠倒，将笔画较多的"熊"和"戴"字的部分笔画写丢。像这样的错误，在他的作业或是默写中频繁出现。

图4-3-4　书写笔画展示图

有一次，在课间，我特意叫他到办公室，要求他改正默写错的词语，其中就有"年"这个字。我先问他："哪里写错了知道吗？"他揉一揉眼睛，咧一咧嘴说："哦，笔画写反了。"于是我让他在我面前改正三遍，第一遍他写得比较谨慎，写正确了，但是看得出笔画书写不流畅，他没记牢。过了一会儿，他递给我看，说三遍写好了。第二、第三遍依旧是错的，明明第一遍的正确答案就在眼前，他就好似没有写过这个字一样，我再用手一指，他又立马看出来了。刚改正好的他总爱嬉皮笑脸一番，仿佛在嘲笑自己，又好像故意以一种轻松的方式掩饰内心的紧张。

3. 练习后问题不断

尽管老师再三提醒，小涵每次的练习还是不尽如人意。在这种情况下，小涵的作业总会草草完成或是直接空着很多题，交给老师后免不了受到一通唠叨、告诫。

批改小涵的作业时，往往不用看作业本的封面，我就能知道这本作业是他的。字不在田字格的是他，作业版面不清不楚的是他，爱出奇葩错误答案的也是他，给他讲过好多回书写和做练习的要求，他只会在听时一直点头，做时一派荒唐。不只老师失望，其实孩子自己对自己也失望，对于这样的自己他不知如何是好，可是没人帮助他，他只能一味接受他人的责怪和批评。

二、研究对象产生视觉统合失调问题的原因分析

1. 生理因素

研究表明，剖宫产的孩子在出生的时候没有经过产道的挤压，缺少生命中第一次触觉及本体感觉的体验和学习，这种体验的匮乏虽然不会影响到孩子的智商，但却容易让孩子产生情绪敏感、注意力不集中、手脚笨拙等感觉统合失调的问题。一般剖宫产儿童的身体感觉反应比较迟钝，身体的协调能力相对较差，尤其刚进入小学的他们，容易出现做事拖拉、磨蹭等问题，尤其是学习中完成作业练习最为费时。

国内外研究表明，存在学习困难及行为问题的儿童多数有感觉统合失调问题，而学习成绩好的儿童中感觉统合失调只占8.08%。63.5%有学习障碍的儿童是由感觉统合失调导致的，尤其是非语言性学习障碍与儿童感觉统合失调有着密切关系。[①]

2. 环境因素

小涵的父母常向我咨询，孩子在家被教训得厉害，在校能否按部就班地完成学习任务并遵守班级纪律。在交流过程中，小涵母亲总会以"宝宝"来称呼孩子。这样的交流环节让我不得不重新看待这个已经二年级的剖宫产孩子。有研究表明：家庭氛围越融洽，暴力、争吵、冷漠行为越少，孩子的统合发展能力就越好。所谓的过度保护就是指家长担心孩子的健康和安全，过度夸大事情的危险性，不允许孩子做一些其他孩子可以做的事情，不信任孩子会独立完成某些事的行为。长此以往，孩子得不到许多摸索学习的机会，大大阻碍了孩子感觉统合能力的发展。

此外，在校期间的小涵常常表现出活泼的一面，尤其是在下课休息时，

① 杨志武，吴丽清，代丽飞，等.学龄儿童感觉统合失调的调查［J］.中国校医，2002（1）：16-17.

他的身边总不缺陪着玩闹的伙伴。而当上课预备铃打响时，其他孩子都会迅速回到教室，做好课前准备，抓紧时间静息。小涵总会在教室外的走廊多徘徊一会儿，不管其他同学的热心提醒，嬉笑间他才会慢吞吞往教室的方向晃悠过去。看见他耷拉下来的脑袋，仿佛都能听见他内心的叹息。

此时进入教室，小涵不免迎来老师的"轰炸"，如"小涵，作业为什么还不交给我？""小涵，上节课要求检查订正的作业赶快拿来！""小涵，说过多少次！身体坐正，不要做小动作！"……面对老师的唠叨，小涵的积极性被打压得如暴雨下蔫蔫的草叶。

剖宫产儿童自身的学习障碍得不到重视，再加上外界的重重压力，使他们极易出现对自己的否定心理，进而从各个方面显露出自卑和渴爱。除了对自己感兴趣的事情比较容易提起精神，对于自己不擅长的事情，他们总会表现出一副厌倦的神情，做起事来也恹恹无力。

三、针对研究对象练习中视觉统合失调问题的矫正

小涵的种种表现，让作为其班主任和语文老师的我，看在眼里，急在心里。本着对剖宫产儿童学习的关怀，我暗下决心，珍惜陪伴小涵的机会，尝试着矫正他这一系列视觉统合失调问题。

1. 练习前关注要求"点"到位

我单独给小涵准备了一本小册子，专门用来记录他在练习之前做准备工作时的表现情况。"×月×日，练习了三次整理书包，前两次都超过5分钟，最后一次只用了3分钟。""×月×日，训练两次从书包里拿出练习册和书本，第一次明确告诉他要拿出什么，用了1分钟，第二次只告诉他接下来要上什么课，让他自行选择拿出什么书来，这次他用了2分钟。"除了上面的一些训练，每天都有对他进行固定的训练，如"班级公约"要记牢，班里哪个孩子习惯上有问题，我就会请小涵针对这个孩子出现的问题，找出与"班级公约"对应的那一项要求。这种方法可以纠正他自身的习惯，同时又能提高他对于班级要求的理解和记忆，从而帮助他形成在面对不同的练习时，注意辨清做练习都要注意哪些问题的习惯，这样在下一次做练习前，他就能够竖起

耳朵仔细听清老师布置练习时的要求，因为他知道他既在做自己的监督者，又在做别人的小老师。

2. 练习中妙趣横生"线"串联

小涵最感兴趣的就是游戏环节，最容易使他专注的就是一些轻松愉快的环节。于是我和他进行游戏设定的练习。例如，夏日炎炎，请你答题来给自己降温，根据拼音提示，填写正确的词语，要仔细拼读，千万不要填错了。如果错一道题，温度就会升高一度，一定要在时间结束之前回答完20道题，否则他就会热昏过去，当降到了适当的温度，就会获得兑换冰激凌的大奖券哦！奖品通常只是形式，但是过程很新颖、很刺激，小涵每次都很兴奋，答题前他还会认真复习，用心做好准备，全力备战。游戏只是一种充满乐趣的方式，可以随意变换，但根本的，我认为剖宫产孩子最需要的就是能引起他强烈关注的事物，应站在他的兴趣点，充分发挥他的才智，长此以往，培养起他练习挑战时的信心，让他不再厌烦。

在游戏之前，我也会适时给他透露游戏通关小秘诀：①通过题目难关时要注意按照顺序，做一题标注一题的题目序号，这样就不会漏题；②做题时，题目至少读三遍，明白通关条件才能够达到目的；③在做题的过程中，注意圈画题目要求的关键词，这些关键词就好像是在路途上遇到的一些小障碍，必须把它们搞清楚，这样才不会被粗心这个恶魔打败。

这样的游戏式情境训练，使他的注意力慢慢地转移到了题目的主干要求和最终的正确答案上来，以至于到后来他还会给其他小朋友设计出这样的游戏环节，好像他就是位游戏设计师，其他孩子的积极性也被带动了起来。

3. 练习后坚定不移"面"俱到

完成练习，我会提醒他，挑战还差最后一步。这时，我会让他背诵一篇朗朗上口的儿歌："试卷在手，名字我有。要不后悔，保证全写。模糊不清，满分不亲。要拿高分，绝对认真！"我绞尽脑汁想出的这个儿歌，在第一次告诉他的时候，他读得很认真，读完以后，我让他把每一句话的意思讲给我听：①检查班级、姓名、学号的填写是否完整、正确；②检查整篇练习是否全部填完，没有任何一项遗漏；③从第一题检查到最后一题，注意是否有模糊不清的答案是需要擦掉重新更改的。果然，聪明的他没有让我失望，于是我又安排他把这个儿歌教给大家，他特别高兴，觉得能够当我的小助手是一件特别骄傲的事。

几次训练下来，我迅速"收买"了他的心，他也特别爱帮助我做一些简单的事情，在帮助他人的过程中，他渐渐敞开了心扉，甚至有一次他在某个节日的当天送给了我一张小卡片，上面端端正正地写着："谢谢你，丁老师！我会努力。"

四、视觉统合失调问题矫正的效果呈现

经过一段时间的训练，小涵变得比以前更有信心了，也比以前更有耐心去倾听别人的话了，我发现他慢慢地能够跟上老师的节奏了，在每一次做练习之前叫他拿出练习册，他都比别人翻得快。听清要求以后，他翻东西的速度跟上来了，并且我发现他做练习的时间也比别人缩短了很多。他会耐心地思考怎样才能让自己更好、更快地做准备，到这一步，我相信他已经在往好的方向行进了。

斗志满满的他，不再无所适从、不安分地乱写一通了，小涵开始追求书写工整，仿佛这样的答案才能显示他的"王者"身份，让别人看一眼就会羡慕他。同时，他也变得爱举手、爱提问，这也让他的卷面更整洁且作业正确率大大提高，甚至还会耐心去教其他做错的孩子，他的进步很明显。当然也偶尔会出现他还没来得及记牢的知识点刚好叫他碰一鼻子灰的事，不过短暂的受挫，又能激发他努力的斗志。

小涵身上的变化让我感到欣慰。孩子自身的不足除了要在孩子身上找原因，也要客观地认识到作为教师可以做的事，很多可行的办法都是能对出现问题、不敢面对问题和解决问题的孩子给予帮助的，甚至不只让他取得眼前的进步，还能为其迈向成功提供助推力。

案例 ④ 剖宫产双胞胎男生口头表达能力提高策略研究

在语言发展方面，剖宫产儿童普遍存在说话晚的现象。其中，有些孩子的口头表达能力欠佳。本案例从双胞胎兄弟口头表达能力不强这一现象出发，寻找其背后的原因，并对他们进行特别的关照、引导和训练，提高其口头表达能力。

一、研究背景：引人注目的双胞胎兄弟

成、龙，一对双胞胎兄弟，从外貌到性格甚至细微的动作都有极高的相似度。虽然和他们接触了一学期，但在其他地方碰到他们时，我还是无法很快地分辨出他们谁是哥哥，谁是弟弟。和他们交流时，兄弟俩的表达方式让人十分着急：说话时嘴唇几乎不动，声音极低，吐字不清，语速慢，目光一直注视着地面，身体重心不停地移动，且不断地掰动双手的手指……

低年级的语文课堂，孩子们朗读课文和回答问题总是十分积极，课堂上时时能看到一只只高高举起的小手。在活跃的课堂氛围中，成、龙兄弟俩的举手频率还算高。可当我喊到他们时，他们往往站起来却半天说不出一句话，即使说话了声音也低得像蚊蝇一样，而且看不出他们的嘴唇是否在动。一开始，我以为他们是由于害羞、紧张才表现出这种状况，可后来发现，他俩的表现一直这样，根本不能跟上班级的节奏。面对这样的两兄弟，我内心既着急又疑惑。

二、寻找原因：都是胆怯惹的祸

在心理学上，胆怯是一种心理状态，形容非常害怕。胆怯心理有以下几种表现：

（1）站在陌生人面前总感觉有一种无形的压力，似乎自己全身都在被人审视，不敢迎视对方的目光，感到极难为情。

比照：成、龙兄弟俩无论是在课堂上，还是在课间，面对我时总是局促不安，目光低垂，双眼注视着脚尖前的某个地方。

（2）与人交谈时面红耳赤，心里发慌。即使在不得不说的情况下，硬着头皮与人说上几句，也是前言不搭后语，结结巴巴，声音极低。

比照：课堂上，当让这兄弟俩朗读或回答问题时，他们总是在"憋"了半天后嘀咕几句让人听不太懂的句子，随后脸就涨得通红，不再出声。

（3）不善于结交朋友，常感到孤独，常因不能与人融洽相处或不能充分发挥自己的才干而烦恼，给人拘谨、呆板的感觉。

比照：兄弟俩课间活动时，总是一起或打闹或玩耍，一学期下来还不能完全叫出班里所有同学的姓名。两兄弟之间也常常发生这样那样的矛盾，之后就是流泪并相互指责对方。

（4）常感到自卑，在学习中往往不是去考虑如何取得成功，而是更多地考虑不要失败。

比照：课堂上反复出现不愿或不能开口回答问题的状况后，我和他们的母亲取得联系，在妈妈面前，弟弟表达出害怕回答错误被同学嘲笑的顾虑。

结合"剖宫产儿童学习关怀的实证研究"，我阅读了相关方面的资料，对成、龙兄弟俩的表现也有了更多的理解，尤其是兄弟俩来到这个世界的方式——剖宫产。

剖宫产因为改变了人类生产的方式，使得胎儿失去了分娩过程中被挤压的机会，失去了早期大脑和皮肤压力的触觉感受，容易产生触觉防御性反应过度等诸多行为问题，常常表现为胆小退缩、排斥拥挤、害怕接触等。北京师范大学钱志亮教授曾经列举过剖宫产对孩子的衍生危害，如在语言发展方面，有口吃或口齿不清的现象，学唱歌慢……成、龙兄弟俩遇事就爱哭鼻子，对他人不经意的碰撞甚至是未发生的接触反应都很激烈，攻击性强，尤其不敢在众人面前表现自己，不愿大胆地开口表达自己的内心。

三、解决问题：特别的爱给特别的你们

为了找到问题的根源所在，我便尝试着以一种不易被察觉的方式给予他俩特别的关照，以期兄弟俩能逐渐克服胆怯心理，提高口头表达能力。

1. 集散整队，强大其内心

人在大庭广众之下讲话，几十双眼睛注视着自己，难免紧张，尤其对于成、龙兄弟二人来说更不容易。所以我利用集散整队的时机，多给他俩锻炼的机会。我班没有固定的负责集散整队的队长，每次整队时由老师随机指定表现好的学生来整队，整队的学生无须站到队伍的前面，只要站在原地发出指令，然后全班一起喊出口号整队。这种方式既能让班级在整队时尽快做到静、快、齐，还能让更多的孩子得到锻炼。因为整队时大家都是站着的，没有众多目光的注视，也不需要站在队伍的最前面抛头露面，对于成、龙兄弟俩来说，他们开口讲话的恐惧和压力感降低了不少。第一次让稍微活泼一点的弟弟龙整队时，他似乎有些意外，也许是受荣誉感的驱使，他很快调整好自己，张开了嘴巴，轻轻地喊出了"前后"两个字，他周围的同学随即接上"一条线"，龙的脸红了，但是喊出"左右"两字的音量明显提高了。我冲他点点头，微微一笑。之后的"小嘴巴"三个字，龙虽然喊得有些拖拉，但还是超出了他平时的水平。我意识到，这个方法比在课堂上让他回答问题来锻炼其胆量更有效。虽然这个方法稍显简单机械，但是，对于胆小的他们来说，不用考虑对错，这消除了他们内心的一大担忧，祛除了一个"怕"字，让他们开口锻炼就更自然也更顺利。就这样，每天的出操、午餐、放学的几次整队，我都会找机会让他俩试着开口指挥。虽然每次只需喊出简单的七个字，但效果很显著。队伍中的发号施令者，站得笔直，一丝略带羞涩的自信在他们的小眼神中隐约可见，他们的小脸上写着"原来我也能行啊"。我也很庆幸，因为可以清楚地听见他们的声音了。

2. 小老师领读，建立自信

孩子之所以胆怯是因为对自己没有足够的信心，内心不够强大。作为他们的语文老师，我的语文课堂能更好地给他们锻炼的机会，让他们发现自身的闪光点，获得强大的内心能量，从而逐步建立起自信心。低年级的词语认读是每篇课文中必不可少的，在学生初读课文中的生字词后，请小老师带领大家读词语是我的语文课必不可少的环节。许多学生都跃跃欲试，争相表现自己，希望得到老师和同学的肯定。胆怯腼腆的成、龙兄弟俩也常常会举手。为了不让他们因出错而受到打击，在词语领读环节，我会先请几个活泼出色的学生带大家读几遍，再伺机请他俩来当小老师。相对于课文朗读来说，词语朗读更容易些，但因为是扮演小老师，必须站起来大声领读，这就需要更大的勇气。在当小老师时，兄弟俩读得很卖力，会尽力将每个词语读得准确、读得响亮。领读完，我会抓住他们的点滴进步进行表扬，并适时地指出其不足之处，如嘴巴要张开得更大一些，要读得更有节奏一些，当小老师时仪态要大方，不能掰手指，等等。在指出不足之后再次让他们当一回小老师，看看是不是比之前有所改善。从一开始的词语朗读，逐步过渡到句子、自然段的朗读；从在队伍中不被注视的发号施令，到当众领读，成、龙兄弟俩的表达能力有了明显提高，发音的清晰度也提高很多，且在说话、领读的过程中，脸红次数逐渐减少，明显看出他们面对众人时的心态从容了许多。

3. 家校携手，寻找话题练习表达

过分保护型的家庭教育方式也可能造成孩子的胆怯。生活中，家长代替了孩子的思考和行为，孩子缺乏经验，生活办事能力差，单纯幼稚，遇事紧张，胆怯焦虑。通过观察，我发现这对双胞胎的学习、生活基本是由爷爷奶奶一应照顾的。近乎溺爱的保护在他们身上体现得十分明显。放学时，有时队伍甚至没解散，奶奶就急忙接过兄弟俩的书包，放到车上。几次公益活动中，爷爷奶奶都是一起前去，端茶倒水、剥橘子、递面包等，孩子的活动不得离开老人的视线范围，一旦有什么异常，爷爷奶奶会及时赶来调停解决。难怪两兄弟课间只会互相游戏打闹，一旦和其他孩子玩耍就会出现矛盾，因为兄弟俩的社交能力已经被爷爷奶奶剥夺了，老人的过度保护将他们圈养起来，却没有教会他们该如何与小伙伴相处。针对这种情形，我和兄弟俩的母亲取得联系，将自己的想法以及做法和她做了交流，并建议她有意识地改变爷爷奶奶包办一切的做法。孩子的母亲非常支持。我们商定就以孩子跑步减肥的话题为突破口，妈妈每晚带孩子在体育馆绕着喷泉跑几圈，跑完后兄弟俩在广场上分别找小伙伴玩耍。第二天兄弟俩到学校我会和他们聊天，让他们告诉我跑步的圈数以及他们玩耍的情形。兄弟俩一开始只是简单地回答

"两圈""三圈",后来会小声地告诉我他们还和其他小伙伴一起玩了。在我"好奇"的追问下,兄弟俩会告诉我玩了什么,甚至告诉我他们约定了的之后要玩的游戏。虽然兄弟俩语言表达的速度较慢,但是音量能达到正常交流的水准了,声音不再含混不清了,与人交流的障碍也逐渐减少了。此外,在班级"清明诗歌朗诵"和"艺术节"巡演活动中,兄弟俩在我和其家长的鼓励下,在班级进行了诗歌朗诵和歌曲合唱,且能够比较自然地站在讲台前面对大家了。走到这一步,我和他们的父母一样为他们高兴。

经过一段时间的"特别关照",成、龙兄弟俩的口头表达能力有了显著提高,课堂上能积极表达出自己的想法了,虽然语速仍然较慢,但课间和小伙伴的矛盾也少了,没有之前爱哭了。比起一开始的胆怯、敏感、好指责别人,兄弟俩的母亲说,俩孩子就像忽然懂事了很多似的。由此我想到我班这样一个统计数据及现象,班级有59人,剖宫产儿童41人,有些孩子表现出的好动不安(夏同学),注意力不集中,上课不专心,爱做小动作(花同学),语言发展迟缓(周同学),跳读漏读、多字少字(褚同学),偏旁部首颠倒(赵同学),平衡能力差(龚同学),等等,这些或多或少与他们的出生方式——剖宫产存在一定联系。在今后的学习生活中,这样一个群体也同样需要学校、家庭、社会给予其特别关怀,从而帮助他们早日摆脱学习、生活中的诸多困扰。

案例 ⑤ 一名剖宫产儿童的数学学习案例研究

儿童立场是当前教育教学改革的核心价值,对儿童的关注除了教育关怀、心理关怀之外,还应该有生理关怀。本案例通过对一名剖宫产儿童的学习观察,分析剖宫产儿童在数学学习中的特殊表现,并从数字的辨识、数的认知和数感的培养、视听能力的培养等方面采取积极的干预措施,帮助他们从学习数学的困境中突围。

一、缘起：不能准确翻页引起的教学观察

2013年9月，工作近20年的我首次教一年级数学，虽说有些生疏，却也有很多新奇。例如，当我要求学生"把书翻到第×页"时，有的孩子把书翻得哗啦啦响，费好大的劲儿才翻到；有的孩子从目录开始，漫不经心地一页一页翻，一旦翻到，还要举起书本向老师求证："是不是这儿？"

班上一个孩子——肖华（化名）的特殊表现，更是引起了我的关注。开学两个月时，班上调座位，肖华正好靠墙独坐。翻书时，她总是无助地看着别的孩子，嘴里不住地求援："在哪儿呀？帮我找找呀。"其他孩子都已经陆陆续续学会翻页了，她为什么还不会？是我指导翻页时她没认真学，还是有其他什么原因？

我注意观察了一下肖华的课堂表现：回答问题时常答非所问；看着黑板说数的分成时，总是很混乱；作业经常出错……虽说其他孩子身上也有这样的现象发生，但肖华的表现似乎更加明显。集体排队时，肖华时常跟不上大部队，总是一个人走在最后。

翻看着肖华的数学作业，错得让人无语。图4-3-5中的①是在做口算题时，她漏做了最下面一题；②是算到9+7=16时，她将数字"6"误写成"9"；③是一道解决问题的题目，花圃中有8朵花，她误数成9朵。这些在我们看来极其低级的错误在肖华的作业中比比皆是，并且半学期下来简单的错误在她的作业中多次重复出现，没有丝毫改善。

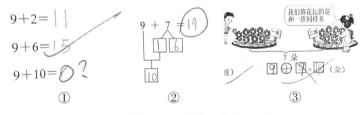

图4-3-5　数学口算题

二、揭秘：剖宫产让她面临学习困境

恰逢此时，学校开始了"剖宫产儿童学数学"的课题研究，与肖华妈妈

进行了一次交谈后，迷雾重重的我有了点头绪。

老师："肖华出生时，是顺产还是剖宫产？"

妈妈的眼睛一下子红了："是剖宫产，可能剖宫产对孩子真的有影响。每天放学回家我都检查她的学习情况，让她订正错误，她也能订正，但她就是粗心得要命啊。"

老师："你发现过她翻书时总不能轻易地翻到吗？"

妈妈无奈地笑笑："是啊，这孩子从小就是这样，总是容易'跑偏'，你说这，她答那。"

人，作为经过亿万年进化的物种，其出生有着特定的自然法则。生命科学认为："自然生产在使胎儿受压的同时也对脑部血管循环加强刺激，而且，挤压是必要的触觉和本体感的学习。"①剖宫产儿童在出生时，由于缺少了宫缩的挤压和产道的"长途跋涉"，省略了反抗胎盘内壁贴附、反抗子宫与产道收缩等过程，往往会衍生出诸多生理问题，其感觉统合失调发生率高于自然分娩的儿童。

可以看出，肖华的诸多反常行为都可归因到剖宫产儿童常有的视听觉能力低的问题。生理学常识的匮乏，在我和肖华之间竖起了一道屏障。这些看起来活泼健康、与其他孩子无异的剖宫产儿童，在数学学习上更需要我们给予其一份生理学意义上的特别关怀。

三、干预：适当的补偿教育助她突围

据调查，我校一年级学生中剖宫产儿童占比高达71.8%。而8岁左右是矫治儿童感觉统合失调的黄金时期，如果不及时给予这些剖宫产儿童帮助，会造成他们在学习上产生诸多问题。于是，我们着手探寻积极有效的干预措施来帮助他们走出学习的困境。以肖华这类视听能力低的剖宫产儿童为例，在其数学学习上我们采取了如下干预措施。

---

① 白杨.人类的分娩困境［J］.百科知识，2014（3）：11-13.

1. 强化易混淆数字的辨识

剖宫产儿童视觉能力低的一个典型表现就是常常会把相似的数字写错。我们首先对几组易混淆的数字进行形象辨析，增强孩子对数字灵敏、快速的反应。

儿童的语言更易于沟通，更易于被孩子接受。我们在班级组织孩子们介绍自己区分易混淆数字的经验。

孩子们编出了谜语：

谜面1：样子就像一只鹅，胖胖身体弯弯脖，排队站在5、7间，请你猜猜它是几？（谜底：6）

谜面2：一个小蝌蚪，身圆尾巴弯，力争向上游，8加1是几？（谜底：9）

还有孩子说出了形象的比喻：

靠背椅，像是6；豆芽菜，就是9。

6是大肚圆圆地上坐，9是大头圆圆快快走。

……

肖华特别喜欢那句"6是大肚圆圆地上坐，9是大头圆圆快快走"，在学校里和她碰面时，我们就会用做动作的方式来强化其对"6"和"9"的视觉辨识。几次后，当我做出坐的手势时，她就会快速地说出"6"；当我双手在头部抱成圆形时，她就会快速地说出"9"。

课本、试卷等学习材料上的数都比较小，并且与其他数字混在一起，对儿童视觉辨识能力的要求就更高了。为了提高肖华对数字的视觉辨识能力，我们设计了"找出数字乖宝宝"的游戏，如出示"3 2 7 8 9 3 5 4 0 1 5 2 7 6"这样一列数字，老师报出"乖宝宝"是几，让肖华找出来。游戏中安排的数字由一位数逐步扩展到两位数，再逐步提升到在相似数中找出指定的数字，如从下面的数中把63找出来（图4-3-6）。

| 36 | 63 | 38 | 83 | 39 | 93 | 68 | 86 | 69 | 96 | 89 | 98 |

图4-3-6　找数字

与此同时，我们还取得了肖华妈妈的支持，每天指导肖华进行5～10分钟的舒尔特方格训练，通过动态的练习锻炼其视神经，提高肖华视觉定向搜索运动的速度。

随着游戏次数的增加、训练时间的增长，肖华对数字的视觉辨识能力逐步提升，她看错、抄错、写错数字的现象明显减少了。

2. 分阶段培养视听能力

"耳聪""目明"是人类学习的两大基本生理条件。在接收外界信息时，我们获得的视听信息会产生交互作用，相互影响，视听能力低的个体在整合视听信息时则容易发生错误。生活中，妈妈称肖华是个爱"跑偏"的孩子，"你说这，她答那"；学习上，肖华也经常听不清要求或不能按要求去做，如我让小朋友说"7"的分成，她站起来说"4"的分成。

针对肖华的这种情况，我们对她进行了视觉和听觉综合能力的系列训练。第一阶段，"听数拨珠"训练。由老师报数，肖华将听到的数在计数器上拨出，边拨珠边读数，以此强化其对数的记忆。第二阶段，"听数写数"训练。老师报出一个数，肖华不出声，将听到的数记在头脑里，然后写出来。第三阶段，"听数找数"训练。老师报数，肖华不出声，将听到的数记在头脑里，并在众多数中找出其听到的数。其中，第三阶段的训练对肖华来说难度最大，她一方面需要仔细听数，另一方面还要努力找数，对她视听综合能力的培养很有好处。

3. 强化数的认知和数感的培养

数是数学最平常、最重要的语言，也是起始阶段数学教学的重要内容。以2013年苏教版小学一年级的数学教材为例，上册整本教材共110页，其中在第12～29页的第五单元编排了"认识10以内的数"的内容，在第82～87页的第九单元编排了"认识11～20各数"的内容，"100以内数的认识"被编排在一年级下册的第三单元。由此可见，对于学生来说，我们的教学常常滞后于像翻页这种对数的使用需要。

对于视觉能力低、数感差的剖宫产儿童而言，他们对数的认知需要我们给予特别的关注。一年级1～100这么多数让他们全部认识不难，但要让他们搞清楚数与数之间的关系难度则比较大，像教材上"百数表"那样太过密集的数的排列对他们来说也很难辨识。我们设计了"帮数娃娃安家"这样一个游戏，以形象化的纵向排列，利用不同颜色进行归类整理，让1～100各数在不同的楼房里安家，让孩子在辨识数的位置中理解数的顺序。

（1）发现排列顺序

首先，教师逐个出示五幢房子图，让小朋友们边看图边读数（图4-3-7）。

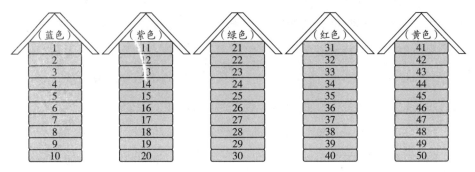

图4-3-7　房子数字图1

师：数娃娃们在大楼房里都有一个自己的家，你能看出它们是怎样安家的吗？

生：它们是一拨儿一拨儿地住进去的。1～10住在第一幢蓝色的楼房里，11～20住在第二幢紫色的楼房里，21～30住在第三幢绿色的楼房里……

生：它们都是10个数住一幢楼房。

生：每幢楼房里下面的一个数都比上面的一个数多1。

生：后面4个大楼房上面9个数娃娃的十位上的数字都一样，个位上的数字慢慢变大。

（2）补上缺少的数

师：还有一些数娃娃也安了家。我们再看看——

出示下图（图4-3-8）：

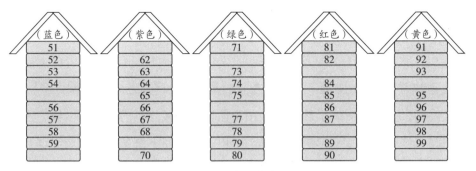

图4-3-8　房子数字图2

师：有些数娃娃藏起来了，你们能说出这些空房子里都住着哪些数娃娃吗？

生：我知道蓝色楼房里"54"下面是"55"的家，"59"下面是"60"的家。

生：紫色楼房的第一户是"61"的家，倒数第二户是"69"的家。

师：你们确定吗？

生：确定！因为紫色房子前面都是六十几，所以第一个是"61"，"68"的后面当然是"69"啰。

师：绿房子里躲的数娃娃又是多少呢？

生："71"的后面是"72"，这儿都是七十几呀，"75"的后面是"76"。

师：真棒！再来把红房子和黄房子里的数娃娃都找出来吧。

（学生按照数列排列的顺序顺利地找出了缺少的数。）

（3）开展填数游戏

在学生掌握了数的排列顺序后，我们进行了三个层次的游戏：一是去掉楼房里的一些数，让学生应用排列规律补数；二是每幢楼房中只留下一个数或两个数，让学生给数安家；三是去掉单数、双数、整十数或五的倍数等，让小朋友来找规律填数。三个层次循序渐进，学生不仅熟练地掌握了数的顺序，增强了找规律填数的能力，而且锻炼了耳和眼，发展了听觉能力和视觉能力。因为经常玩这个游戏，孩子们的数感越来越好。

4. 采取多种方式改进教学活动

一年级是儿童学校学习的起始阶段，为了让剖宫产儿童在数学学习上稳健起步，我们采取了多种方式来展开教学活动。由于孩子在四个月时"已具有正确的颜色范畴性知觉，其颜色视觉的基本功能已接近成人水平"，[①]所以我们在写课堂板书时，会注意多使用彩色粉笔来区分不同的板书内容，用颜色来帮助孩子对数字、形象进行视觉辨识；半节课下来，采用课中操调节课堂节奏，缓解孩子视神经疲劳；制作作业、试卷时，把题目的字号放大，把题目之间的间距拉大；等等。

对于翻页有困难的肖华，我们对她的数学课本进行了改造（图4-3-9）：凡整十数的页码在书页的下面用大一些的字标示出来。

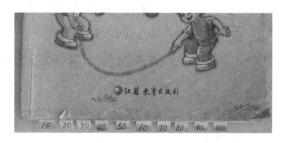

图4-3-9　数学课本

翻页时，可以先根据页码在数的序列中的位置，确定需要翻找页码的大致位置，然后在小范围内进行翻找。这样，课堂上每次翻页的过程都是一次确定数的范围、进行数大小的比较的过程。

四、思索：不可或缺的生理学关怀

关于肖华在数学学习上的案例研究，犹如打开了一扇窗，让我们看到了剖宫产儿童可能产生的学习困难，并且在对肖华进行干预的同时，我们将干预措施同步推荐给其他剖宫产儿童家长。家校联手将干预措施付诸行动，有了行动就会有回报。

[①] 林崇德. 发展心理学［M］. 北京：人民教育出版社，2008.

下图是一年级第一学期期末测查中学生失分较多的一道题（图4-3-10）。我们发现在这道题目中，还是有不少学生出现了"看错数字"和"数错个数"两类剖宫产儿童易发生的错误。

图4-3-10　数学作业

通过对全校329份学生（其中剖宫产儿童235人，顺产儿童94人）试卷的统计，我们发现："看错数字"的学生中剖宫产儿童有11人，占剖宫产儿童总人数的4.7%，顺产儿童有10人，占顺产儿童总人数的10.6%；"数错个数"的学生中剖宫产儿童有13人，占剖宫产儿童总人数的4.0%，顺产儿童有6人，占顺产儿童总人数的6.3%。从统计的数据看，在两类错误上，剖宫产儿童出错的比率都低于顺产儿童。可见针对肖华等剖宫产儿童存在的视听问题，我们采取的干预措施已经初见成效。

当然，我们的发现和研究只是冰山一角，但毋庸置疑的是，对剖宫产儿童数学学习的关注具有极其重大的现实意义。一方面，剖宫产儿童人数多。我们在全国范围内调查了10046名小学生，其中4207名为剖宫产儿童，占比41.9%（最多的一个班级剖宫产儿童占比79%），远远高于世界卫生组织允许的剖宫产率5%~8%，也远高于警戒线15%。美国威斯康星大学妇产科学系副研究员易富贤在谈到剖宫产在下一代身上引起的诸多危害时说："滥用剖宫产，不仅是个人选择问题，也不仅是医疗问题，而是危及未来中国人口质量的问题。"[1]虽然卫生部门一直以来注意控制剖宫产率，但剖宫产作为在特殊情况下挽救母婴生命的手段必然长久存在，剖宫产儿童必定会长期作为教育的对象，科学地看待和有效地指导这些孩子的学习与成长，意义非凡。另一

---

[1] 易富贤.滥用剖宫产："不疼"的代价［J］.中国新闻周刊，2013（30）：87.

方面，在现实生活中，那些无法选择出生方式的剖宫产儿童，却常常因为由隐形的衍生危害引起的学习问题遭受来自"无知"的父母、教师莫名的责备和伤害。因此多一份生理学意义的关怀，可以让我们的教育行动更加理性、更具人文精神。

五、后记：剖宫产儿童的学习关怀是一项伟大的事业

肖华是我校于2013年招收的一年级学生，她经过6年的小学生活，如今已经顺利毕业了。6年来，随着"剖宫产儿童学习关怀的实证研究"课题研究的不断深入，同事们已经能够多角度看待剖宫产儿童了，并能从生理学的角度理解他们的一些特殊行为，力所能及地助力他们的学习。随着孩子们一天天长大，很多孩子身上那些由出生方式引起的明显的特殊行为特征已经变得越来越模糊，不再会成为阻碍孩子们学习、生活的问题。毕业前夕，我去找肖华聊了几句，发现她的性格还不错，活泼又不失乖巧，与人对话大方得体。我也联系了肖华的班主任老师，翻看了她的作业本、测查卷，肖华的学习成绩在班级里属于中上水平，作业也不再像刚入学时那样低级错误频频了。班主任老师反映肖华积极参加班级活动，一张张肖华参加班队活动的图片记录着她丰富的小学生活。

六年级拍毕业照时，我抓拍了一张照片，许卫兵校长站在肖华所在班级的前面等待着孩子们排好队，和孩子们一起拍毕业照。肖华站在许校长的对面，乖巧地等班主任老师安排同学们站队。许校长是知道我的这个研究案例的，但我们每个教师的研究都是悄悄进行的，从不给孩子任何心理暗示，任何压力，所以即使许校长对我的研究进行了深入指导，却与肖华并不"相识"。那一刻，我不禁感叹，如果不是有这个课题，如果不是我们对肖华这样的孩子身上出现的问题有了生理学角度的理解、认识，没有过多地责备孩子，依照她一年级的那个学习状况，学习的信心、与别人相处的方式等或许都不会像现在这样。肖华更不知道，我们正是通过课题研究在守护着像她这样的剖宫产儿童的童年，关怀他们的学习，助力他们的成长。教育是一项伟大的事业，它涉及的东西太多了。作为教师的我们，应多掌握一点知识去认

识孩子，应多一个角度去理解孩子，应多一点思考去帮助孩子，这样我们就是在从平凡走向"伟大"。

生命是一个奇迹，值得我们去敬畏、去尊重、去关爱。帮助剖宫产儿童从那些来自身体的问题中顺利突围，学校、家庭和社会都责无旁贷、任重道远！

案例 ⑥ 小学低年级儿童英语口语学习的生理学关怀

英语是许多小学开设的语言类课程。与汉语不同，英语是由字母和音节组成的，汉语重"意"，英语重"形"。本研究重点关注剖宫产儿童在小学低年级英语起步学习时出现的问题，并持续进行跟踪，采取积极的对策，从而提高他们的英语学习水平。

一、缘起

2017年9月，我从高年级回到一年级教英语课，恰逢学校课题研究需要我们观察剖宫产儿童的学习表现，我就选择对任教的一年级（14）班学生的英语学习进行观察研究。从学习第二课开始，我就发现孩子们在朗读单词和句子上有不少困难，不能连贯地读出一个完整的句子，单词有三个以上就很难连贯地认读。

第二课中的句子Good morning./Good afternoon./Good evening. 中"Morning"一词读起来没有困难，但对于音节较多的单词"afternoon"学生们读起来非常吃力，甚至不能正确地按照音节顺序读出来。于是我对一年级（14）班的学生进行了一次摸底，全班49名学生中，有37个剖宫产儿童，其中有24个不能连续地读出句子，占64.8%；顺产的12个学生中有4名学生不能连续朗读，占33.3%。稍作比较就会发现，剖宫产儿童朗读连贯性存在问题的人所占比例偏高。最明显的是第三课和第四课中的句子（第三课是"This is…"，第四课是"Is this…"），好不容易学会了第三课的句型后，学第四课的"Is this…"句型时，对于颠倒了顺序后的句子他们怎么也不能读对，总是读成"This is…"。经过细致的观察和整理，发现他们还有一些情况也比较明显：

（1）音节较多的单词不能按照音节顺序正确朗读。我们读单词时，正确的方式是先将单词分音节读，分音节记忆默写，如"afternoon"一词，根据发音/aː/，/f/，/tə/，/nuːn/我们可以先读/aːftə/然后再读/nuːn/，但很多孩子对前面的/aː/，/f/，/tə/不能按照顺序正确读出。

（2）句子中单词顺序颠倒后，不能正确朗读句子。一年级学生学习英语的教学目标是能听懂、会说、会读句型和日常用语。例如，Unit 4 "Is this a teddy？"一课，要求其能听懂、会说、会读句型：Is this a box？/This is a puppy.但在学习了第三课的句型"This is…"后，第四课句型中的单词调换了位置，很多学生就不能正确地读出句子了。

（3）错读单词。会将单词音节改变成相近的音节进而读错单词，或者丢掉最后一个音节，如读单词"puppy"时，将其读成"pubby"。还有"woof"，很多孩子总是读成"woos"。

（4）漏读单词中的音节。这一现象主要发生在以清辅音结尾的单词中，如grape，cat等，很多学生由于不能准确听音加上注意力不能很好地集中，所以会把最后的清辅音都扔掉不读了，读成/greɪ/，/kæ/。

二、寻因

英语作为中国儿童学习的第二门语言（以下简称"第二语"），在学习时通常要经历"认知—接受—内化"的心理过程。其中，"认知"包括语音、词汇等方面的初步学习。虽然儿童的主观愿望直接影响着其学习效果，但是"认知"的内容是外来的，与生活语言不同，所以常常会受到儿童已有语言系统的排斥，使得其学习的知识极其容易遗忘、错位。所以，英语的学习需要反复进行"认知"活动，让记忆与遗忘反复抗衡。第二门语言的"接受"是儿童认同新的语言系统的过程。一旦儿童感觉到了第二语的语音美妙、语序合理，学习起来就会事半功倍。"内化"是儿童对学习的第二语语音、词汇、句式已经能够熟练掌握，并灵活运用的过程。对于初学者来说，这是一个需要不断强化、主动运用的过程。

理论上讲，一年级孩子刚学习英语，出现这样那样的问题很正常。但是，我发现一年级（14）班学生中剖宫产儿童朗读连贯性问题出现的比例明显偏高。通过查阅相关资料，我了解到：剖宫产出生的儿童其感觉统合失调检出率高于自然分娩的儿童。例如，在视觉方面，剖宫产儿童会比较粗心，常出现阅读漏字，颠倒字母顺序的情况；在听觉方面，对声音来源的辨识力不足，导致了其在语言方面口齿不清、模仿慢等。由于前庭平衡觉失调，儿童会常写错字、写反字、读错字，还有些儿童可能出现语言发展迟缓、说话晚、语言表达困难等。剖宫产儿童这些由出生方式引起的生理问题，在第二语学习时往往表现出某一个或几个方面的障碍，如听觉方面的问题就往往表现为对单词的读音辨析不清，对区分度不大的语音容易发生混淆，对第二门语言"认知"过程的排斥更严重，对英语的语音识别差，对语序的接受也比较慢，要达到内化熟练运用则更有难度。

一年级的小朋友刚从幼儿园来到小学，一切都很新鲜又充满了挑战。由于孩子刚刚接触英语，所以培养孩子良好的学习兴趣成为重中之重。但使用新教材后，英语课本中的句子和单词的难度都有所增加。而这类学生的汉语学习一般没有明显的问题，学习态度也很积极，在英语学习中却表现出明显的认读单词困难、句子朗读不连贯、句式顺序颠倒等问题，我们得对症下药，通过积极而有效的干预，助推学生英语口语学习，使学生获得更多的成功感。

三、对策

1. 单词分节标注，提示音节变化

对于课文中音节较多的单词，学生很难正确连贯地读出来。针对这一现象，我在写板书时，将单词按照音节用不同颜色的粉笔写在黑板上，在学习音节较多的单词时，将单词各音节稍微分开一点，让学生更加容易区分，不同颜色标注不同音节，加上不同音节分开写，让学生视觉上更加明了（图4-3-11）。

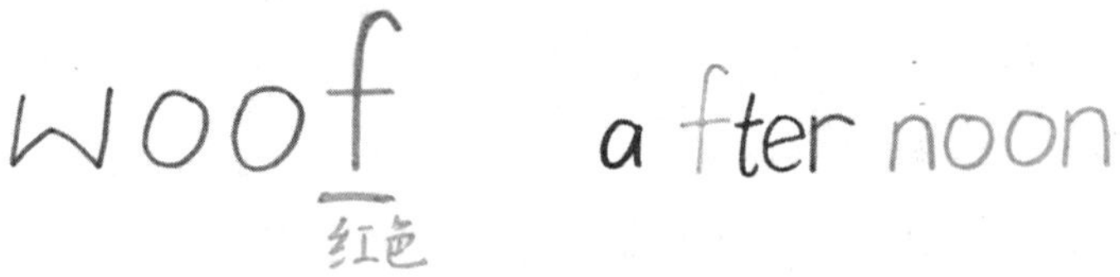

woof
<u>红色</u>

a fter noon

图4-3-11　不同颜色标注不同音节

一年级的英语课堂非常活跃，由于学生的年龄特点，已经学会的学生都会积极举手展示自己，所以"小老师"的作用就可以发挥起来了。让"小老师"到前面去带领大家朗读黑板上的单词，在反复跟读后，进步较快的"小老师"在展示正确口语输出的同时，又对新单词的记忆进行了强化加深，增强学习的积极性，进行了及时的巩固，学习的效果会更好。与个别输出障碍较严重的学生的家长取得联系，让家长提醒孩子及时复习。

2. 利用母语发音，联想第二语读音

有些学生能根据教师的方法分出音节，但也有部分学生音节发音不准，如在教学"woof"一词时，很多学生把这个单词读成了"woos"，非常顽固，对其进行多次指导后，下一节课时又读成了"woos"。起初，我让学生看着我的嘴巴模仿，发现学生当时能记住，但过后还是忘记了。

于是我借鉴自然拼读法来帮助学生辨析读音。自然拼读法的核心在于建立英语字母或字母组合与发音之间的对应关系意识。建立了字母或字母组合与发音之间的关系意识，学生自然而然能达到见到一个词能够运用发音来拼出单词的效果，从而会读词，也就是我们常常说的"见词能读"。反之，当听到一个单词的时候，学生能够逆向思考，想到哪个字母对应所听到的发音，从而把单词拼写出来，这就是我们常常说的"听音能写"。

对于一年级学生来说，如果看到单词，能猜到它的辅音字母的发音就很棒了。母语中的拼音读音是他们已经掌握的学习经验，于是，我根据汉语拼音中一些字母的发音与英语相同或相似的特点，让学生在拼读时联想拼音字母的发音。例如，"f"这个字母在汉语拼音和英文中的发音相似，让学生建立起联系后，他们就不会将"woof"最后一个字母/f/读成/s/了。再如，很多学生会忽略"good"最后一个字母"d"的发音，联系汉语拼音后，再没有学生将这个单词读错了。又如，"Mr. Green"这个称呼中，学生能将G和r的发音准确地读出来。

3. 对比易混句式，强化句子顺序

经过反复跟读、练说，学生一旦掌握第二语的一个句式后，再学习与之相近的句子比学新句式难度更大。这种现象一方面是由学习的负迁移引起的，另一方面也是儿童自身在"接受"第二语时产生的排斥。剖宫产儿童在出生时由于缺少了产道的挤压，在听觉上的发育往往比顺产儿童要差一些，所以在学习这类容易混淆的句式时，显得难度更大（图4-3-12）。

图4-3-12　儿童学习中

例如，在第三、四单元中，"This is Miss Li."和"Is this a teddy？"学生学会了前一句后，对于后面的疑问句很难正确地朗读出来，总是将"This is…"读成"Is this…"。针对这一情况，我先将这两句写在黑板上，单词"is"是蓝色，单词"this"是红色，让学生进行比较并找出相同的单词在句子中所处的位置，发现同一个单词在句子中位置的不同。在视觉强化后，又对其进行听觉的强化。反复朗读这两个单词，让他们听清读音后，再来读这两个句子。由于在视觉和听觉上同时进行了强化，学生获得的视听信息会产生交互作用，互相影响，取得很好的学习效果。在校本课程"每日诵读"的教学中，我也将英语学科每课的重点句型板书出来，请"小老师"们带领大家进行朗读，不断巩固这类易混句式。经过多次反复诵读，学生们基本都能熟练掌握句子的顺序了。

四、结语

通过以上尝试和研究，我找到了学生学习英语遇到的困难，尤其是剖宫产儿童学习英语时朗读连贯性问题的起因所在，通过积极干预，大部分学生的英语朗读明显准确和连贯了。以第二、三课为例，不能正确朗读单词、不能连贯朗读句子的学生只有13人，其中剖宫产儿童6人、顺产儿童7人，占比接近。

学生在英语学习的起始阶段总会遇到种种困难，尤其是剖宫产儿童在进行英语学习时存在的输出障碍问题往往是由输入障碍引起的。如果教师能够及时发现学生口语学习障碍产生的原因，采取积极有效的指导策略，就能帮助其顺利地解决口语读音不准和朗读不连贯等问题。我们的教育教学要关注每一个儿童，对于其学习中存在的问题，我们要从多角度去观察、思考，探寻每个学生的特别之处，撬动学生发展的支点，这样就能够帮助学生突破学习障碍，很好地助力学生的成长。

2020年，原来的一年级学生已经升到三年级了。三年级是学生英语学习的转折期，三年级学生的课程内容从培养学习兴趣转向大量系统性知识的学习。我校一、二年级的英语学习关注兴趣的培养，鼓励学生开口说，所以考查时只有口语考查，并没有书面考试。三年级则开始有书面考试，对于学生英语学习也有较高的要求，如需要关注其听、说、读、写、看。我发现在三年级英语课本中第一、二单元再次出现了一年级书中的句型"Good morning""Good afternoon""Goodbye"，同时第四、五单元课文中又出现了和一年级书中类似的句子"This is Tina""This is my mother""This is my father"，在练习中出现了一般疑问句"Is this…"和否定句"This isn't…"以及"…isn't…"于是，三年级课本中重复的内容引起了我的关注。

来到W同学所在的班级指导学生朗读课文。让学生将书中一、二、四、五单元的句型以及练习中出现的"Is this your brother？""This isn't my sister."再次朗读一遍，结果班级中只有一人"Good afternoon"朗读得不连贯，该生为剖宫产儿童，经指导后能连贯朗读。对于"This is…"和"Is this…"以及

"This isn't…"句型，全班有17人将this［ðIS］错读成［zIS］，但经过指导后全部能正确朗读。这17人中9人为剖宫产儿童，占朗读错误人数的52.9%。仅有7人不能连贯朗读"Is this…"，其中4人为剖宫产儿童，占朗读不连贯人数的57.1%。有5人不能连贯朗读"This isn't…"，其中3人为剖宫产儿童，占朗读不连贯人数的60%。该班级学生的朗读连贯性整体提高了很多，但在少数朗读连贯性问题学生中，剖宫产儿童占比略高于顺产儿童。出现的朗读不连贯问题，经过教师反复指导后，学生全部能连贯朗读了，也能较轻松地纠正自己朗读中的问题。

另一方面，该班学生59人，朗读连贯性出现问题的人共12人，学生英语朗读连贯性有所提高。该班剖宫产儿童36人，朗读不连贯学生中剖宫产儿童为8人，占22.2%；顺产儿童为4人，占17.4%。该班剖宫产儿童存在朗读连贯性问题的比例略高于顺产儿童。

W同学朗读时，句子"Good morning""Good afternoon""Goodbye""This is…"及"Is this…"都能连贯正确朗读，只有"This isn't…"重复两次后才能读出来。但较一年级时有很大进步。

本次观察，学生的朗读连贯性有很大提高，但随着学生词汇量的增多，需要学生会读会说的内容也相应增加了，新的问题也随之而来，如漏读现象。例如，home/from，很多学生最后的［m］都有漏读现象，我会在接下来的教学中继续观察，分析原因，并努力学习和寻找有力的理论支撑，思考出行之有效的教学方法，提高学生的英语学习水平。

案例 ⑦ 剖宫产儿童滚翻能力培养的个案研究

本案例研究者的儿子出生后被发现平衡协调能力落后于其他同龄孩子，通过理论对照和多层面分析，与剖宫产儿童易出现的感觉统合失调症状极为相似。借助滚翻能力训练等积极干预，孩子的平衡协调能力有了很大发展，运动兴趣得到培养，还增进了父子感情，收获了成长的快乐。

一、背景介绍

2007年7月，由于超过预产期半个月还没有临盆，在医生的建议下爱人进行了剖宫产手术，儿子亮亮平安降生。而一直以来身体健康的儿子却在17个月时才慢慢学会走路，6周岁时才能断断续续地拍皮球，7周岁时还没能连续跳绳10个以上，与同龄小伙伴一起在操场上进行滚翻游戏时，他侧滚速度慢、不连贯，前滚翻根本做不了。6周岁时，儿子还曾因抽动症在县中医院儿科进行过治疗。

我是一名体育教师，运动各方面素质较为优秀。我爱人也是一名教师，上学时她的运动能力属于班级中上游水平。儿子出生后，虽然我们一直关注他进行爬、滚、坐、走等基本运动，但其运动发展水平总体上落后于同龄孩子，平衡协调能力表现得尤为突出。

二、归因分析

有研究表明，母亲生孩子时，产道的挤压会刺激胎儿的触觉、本体感觉和前庭平衡觉，会增强胎儿大脑细胞的活跃度。而剖宫产儿童由于被直接从温暖舒适的羊水中拽到外部世界，也就错过了这个触觉、本体感觉、前庭平衡觉的练习过程。若在后天成长中没有对其进行积极的干预，极易导致儿童在发展中出现前庭问题、触觉失调、本体感觉问题等，引发其在认知学习和社会适应性方面的障碍。[1]动作协调不良，平衡能力差，走路容易摔倒，不能像其他孩子那样会翻滚、跳绳和玩球，手工能力差，精细动作差等都是剖宫产儿童容易出现的感觉统合失调症状。

来自医疗一线的海安市中医院儿科专家朱桂玲主任认为，抽动症近5年来在我县的发病率比以前高出许多，原因有多种，剖宫产率居高不下（本地持续多年超过60%）也是原因之一。

对照专家的研究结论、医疗人员的临床观察和儿子在运动上的一些表

---

① 钱志亮. 儿童生理问题咨询［M］. 北京：北京师范大学出版社，2011.

现，我恍然大悟：出生方式很有可能是造成儿子平衡协调能力较差的原因。

三、积极干预

运动训练学认为，8～10岁是儿童发展平衡协调能力的黄金时期，抓住这一有利时期进行培养对孩子终身有益，多种形式的滚翻活动能够训练、检测孩子的平衡与协调能力。2013年，儿子上一年级，我正好负责他所在年级的体育教学工作。在关注儿子平衡协调能力的同时，我注意到本年级还有不少与儿子有同样特征的孩子，一了解，大多是剖宫产的。于是，我开始以儿子为研究对象，主动对其进行运动干预，并期望从中摸索出一套可行的办法再推广到同类孩子的平衡协调能力训练中。

1. 分析对象，进行干预前测

我和体育组的其他教师首先深入分析了儿子的个性特点、兴趣爱好、运动能力。他性格开朗，积极要求上进，爱做一些游戏，特别是一些有一定规则要求的球类游戏；对于一些不太擅长的运动项目，经过父母、老师、同伴的激励，也能饶有兴趣地参加；对于跳绳、倒立、滚翻类运动有一定的抵触情绪，但通过我的引导、鼓励能尽力配合完成；整体运动能力评价偏差，协调性、平衡能力是短板，力量、速度、柔韧能达到一般水平。

在正常教他学侧滚、前滚翻两个技术动作后，我对儿子进行了测试。测试结果如下（表4-3-1）：

表4-3-1　测试结果

项目	动作表现	动作评价
侧滚	在辅助下能缓慢完成连续2～3个侧滚，动作有短暂停顿，身体过松，出现偏方向现象	基本合格
前滚翻	准备姿势基本正确，滚动时动作拘谨，蹬腿发力偏方向，腰部过松，团身不紧，动作不能完成	不合格

2. 针对特点，制订干预计划

通过对他的分析和测试，我们确定了全面提升其运动水平，注重其平衡、协调能力发展的培养目标，同时制订了适合儿子的有针对性的身体素质发展计划。计划实施为期8个月，以月计划为主体，一个月为一轮，总计8轮，分月实施。滚翻能力的提升依赖于身体平衡协调能力及腰腹力量的增强，因此在练习中应采用多种项目来发展他的这些能力，如通过跳绳发展协调性与全身力量，通过仰卧起坐发展腰腹力量，通过篮球、足球发展平衡与协调能力……练习内容的选择注意容易开展、操作方便，既照顾到全面身体素质的提升，又突出重点平衡协调能力的培养。下一个月的练习内容、强度、形式会依据上一个月练习时孩子的心率、兴趣、掌握情况等进行适当调整。下面是我为儿子制订的第三轮（第三个月）活动计划（表4-3-2~表4-3-5）。

表4-3-2　第三轮第一周活动计划

时间	练习内容	练习说明	主要目的
周二下午	跳短绳 团身"摇小船"	单次连续跳10~15下，休息10秒，连续10次，练习4组；团身紧，抱腿，前后"摇小船"	发展身体协调能力，培养克服困难的精神
周四下午	仰卧起坐+15米快速跑	每次10下，练习3次	发展腰腹力量
周末	篮球与足球	拍球与踢球游戏	发展身体平衡、协调能力，提升兴趣

表4-3-3　第三轮第二周活动计划

时间	练习内容	练习说明	主要目的
周二下午	跳短绳 连续侧滚	单次连跳10~15下，休息10秒，连续10次，练习4组；连续滚5~8个，4次	发展身体协调能力，培养克服困难的精神
周四下午	悬垂及攀爬	抓爬绳收腹10秒，快速攀爬肋木	发展上肢及腰腹力量，提升协调能力
周末	篮球与足球	拍球与踢球游戏	发展身体平衡、协调能力，提升兴趣

表4-3-4　第三轮第三周活动计划

时间	练习内容	练习说明	主要目的
周二下午	跳短绳 倒立	单次连续跳10~15下，休息6秒，连续10次，练习4组；在家长的帮助下完成简单的头手倒立4~6次	发展身体协调能力，培养克服困难的精神

续 表

时间	练习内容	练习说明	主要目的
周四下午	仰卧起坐+15米快速跑	每次14下，练习3次	发展腰腹力量
周末	篮球与足球	抛接球与带球跑	发展身体平衡、协调能力与速度素质，提升兴趣

表4-3-5 第三轮第四周活动计划

时间	练习内容	练习说明	主要目的
周二下午	跳短绳沙包投准	单次连续跳10～15下，休息6秒，连续10次，练习4组；8～10米沙包投准	发展身体协调能力，培养克服困难的精神
周四下午	往返跑游戏前后滚动	15米往返跑，一次4个往返，练习5次，最快速度，亲子比赛；在家长协助下完成滚翻动作	发展速度素质，培养协调能力，提高运动兴趣
周末	篮球与足球	抛接球与带球跑	发展身体平衡、协调能力与速度素质，提升兴趣

3. 循序渐进，落实干预措施

儿童的运动训练既要关注儿童身心发展的特点，又要关注其运动技能形成的过程，循序渐进，循环上升，这样才不至于对儿童产生不良影响。干预计划设定的一些运动项目对于七八岁的儿童来说是有一定难度的，要立足于儿童的实际能力基础，适当调整难度，分步实施，逐步提升。例如，跳绳方面，儿子开始练习跳短绳时动作不协调，只能连续跳2～3个，练习时间越长动作越不协调，有时连续跳几下就被绳绊住脚。我们商量，决定先让他连跳3个，休息10秒，再连跳3个，坚持8次。过了一段时间，我们就商量着把要求提高到一次跳6个，每次休息5秒钟，连续跳10次。儿子看到了自己的进步，也乐得跟我谈论跳绳的技巧。再如，仰卧起坐方面，开始由于他腰腹力量不够，我在他练习时用软垫抬高他的肩背部，降低运动难度，既保证了他锻炼的积极性，又对他有一定的锻炼效果。在他的能力提高后，我逐步降低其肩背高度，提升其练习的难度，慢慢提出增加单位时间内练习次数的高要求等。现在晚上睡前，他爬上床就会吵着要我陪他练几个仰卧起坐，他的腰腹力量也明显增强了。

兴趣是最好的老师，孩子做感兴趣的活动能达到事半功倍的效果。在练习内容的制定实施上要尊重孩子的兴趣、爱好，对于孩子暂时还不太理解的项目，要加强引导，通过变换练习方式、规则、要求，让孩子接受并喜爱上它，评价鼓励与亲子互动尤为重要。如果孩子有实在不能接受的项目，就改用其他形式的活动进行补充、替换。儿子喜欢足球游戏，在玩足球时再累都不叫苦，每次周末都吵着要我陪他去玩球，他的踢、跑、跳、抛等多种运动能力在游戏中得到锻炼，球技、身体素质得到明显提升，还参加了学校体育文化节的开幕式足球表演。周末的足球练习由原来的要他练，变成了他要练。

4. 实施后测，进行干预评价

从计划的制订到实施，每一步我们都与体育组的老师们一起商量，精心设定，全面落实，以期达到最好的训练效果。通过8个月的训练，我再次对儿子的滚翻动作进行了检测。测试结果如下（表4-3-6）：

表4-3-6 测试结果

项目	动作表现	动作评价
侧滚	动作连贯、快速、协调，连续完成10次以上，方向正，姿势优美	优秀
连续前滚翻	能连续完成2～3个，姿势正确，部位准确，动作轻松、自然、协调、优美	优秀
后滚翻	能轻松完成动作，后倒迅速、自然，部位正确，动作协调，团身紧，标准规范	优秀

从上表可以看出，经过训练后，儿子的滚翻能力有了显著提升。不但简单的侧滚有进步，能完美地完成连续前滚翻，还能完成一般学生完成不了的后滚翻动作，根据这些可以认定他的平衡协调能力有了质的飞跃。

四、后续发展

儿子的平衡协调能力与一般孩子有差距，这在他出生时就决定了。我庆幸自己找到了问题的根源，采取了行之有效的措施，通过有计划的、适时的干预，及时纠正了他感觉统合失调的问题。无心插柳柳成荫。在干预训练中，他喜欢上了足球。2015年，他进入了学校足球社团，每周进行四次训练，我的主动干预也在渐渐减少，但是他的身体的各项运动素质都优于同龄的孩子，技术领悟能力也显著增强。2017年他作为主力队员与同伴们一起获得了海安市少儿足球比赛第一名，南通市少儿足球比赛第三名。2017年儿子的各项测试数据达到国家学生体质健康评分标准优秀级，且远超同龄学生，对照表如下（表4-3-7）。

表4-3-7　测试数据对照

项目	50米（秒）	1分钟跳绳（个）	坐位体前屈（厘米）	1分钟仰卧起坐（个）
儿子（亮亮）	8.1	165	14	53
同年级男生均值	9.2	108	9.2	31

注：以上数据采自海安市城南实验小学2017年学生体质健康测试汇总表。

教育的对象是儿童，正如世界上没有两条相同的河流一样，每个儿童都是一个独立的、与众不同的"小宇宙"。他们各自的特点不仅表现在外貌、形象、个性、脾气上，还表现在潜在的生理因素上，这些差异都可能成为影响孩子发展的重要因素。

孩子的每个外部表现都有其内在的深层次原因，教师要多方寻找和剖析儿童外部表现的内在原因。就拿剖宫产儿童来说，千百万年来的生物进化为每一种生命的出生和成长都设计了不可或缺的环节，每一种绕过生命必经环节的行为都可能是在损害生命。剖宫产作为一种出生方式必将长期存在，我们的教育总会面对一些剖宫产儿童，他们身上或许存在异于其他儿童的问题。如果社会、学校、家庭不能正确地看待、理解孩子身上存在的问题，不能找到问题的根源，必将对他们造成伤害。

孩子的健康成长不仅仅体现为吃饱穿暖，还需要有家长的引导、陪伴、教育，给他们安全感、幸福感。与儿子一起运动、一起玩乐、一起欢笑，他与我有说不完的话题，包括他的学习、他的朋友、他的喜好……他对于我对他生活学习中的建议，有时甚至是批评教育都能欣然接受。他各方面的习惯有了很大改善，走到哪里朋友们都会说：你家孩子习惯真好。其实分析下来，我们的家庭氛围很好，孩子信任并欣然接受父母的教育，对于他的习惯养成也有很大的帮助。

当然，本文讲述的只是一个个案，剖宫产儿童到底有多大的概率、多高的比例会患感觉统合失调症，还需要由大数据来证实。感觉统合失调症状的表现是多方面的，如前庭功能失调、触觉敏感等，协调与平衡能力差只是本体感觉失调的表现之一。儿子在运动协调能力上与一般孩子有差异，而且因为有轻微抽动症到医院进行了治疗。因此，早发现，早干预，早治疗，是解决感觉统合失调问题的有效思路。本案例运用体育运动手段发展孩子的滚翻能力，目标直接指向提升干预对象的协调能力，并获得了成功。但愿这样的研究能给剖宫产儿童的家长及教师带来一些启发。

案例 ⑧ 一年级剖宫产儿童跳绳协调性研究

在医学界，剖宫产儿童易产生感觉统合失调、协调性不好等问题已有结论。本研究从小学一年级体育教学的实际出发，通过对剖宫产儿童在跳绳活动中协调性的研究，将医学理论具体化、显性化，并有针对性地对这一群体开展专项训练，以提高一年级剖宫产儿童的运动协调性，从而更好地提高小学体育教学的质量。

一、协调性问题

2013年9月，我在持续多年执教小学高年级体育课后，第一次承担一年级体育教学任务。一次跳绳教学中，我发现不少一年级孩子跳绳的动作不协调，不会跳的人也不在少数。我很纳闷，为什么会有这么多的学生跳不好呢？是学生年龄小，接受能力不强，还是我教得不到位呢？接下来的一周里，我在课上将跳绳的动作要领又对学生进行了认真的讲解和示范，同时给予了学生足够的练习时间并加强巡视指导。但是，除个别学生有好转外，其余学生没有明显的进步。

在一次集中学习中，全体教师观看了钱志亮教授的视频讲座《换一种方式爱孩子——出生方式影响大》，从钱教授的讲座中我知道了剖宫产的孩子大概率会有感觉统合失调、协调性不好等特征，也联想到了我任教的一年级学生跳绳跳得不好的情况，他们跳绳的动作不对、不协调，是不是与剖宫产有关呢？带着这样的疑问，我开始了对一年级剖宫产儿童跳绳协调性的研究。

为了搞清楚研究对象，我对我任教的一（4）班学生的基本情况进行了摸底调查，调查结果显示：54名学生中，男生29人，其中剖宫产儿22人；女生25人，其中剖宫产儿18人。剖宫产男女生总数40人，占了全班的74.1%。这么高的比例完全出乎了我的意料。我随即对全校一年级327名学生进行调查，发现剖宫产总人数是235人，占比71.8%。看来，剖宫产在该地区还真是"高发"。

剖宫产儿童跳绳的协调性怎样呢？我用一节课的时间观察了一（4）班54名学生的自由跳绳情况。粗略统计，40名剖宫产儿童中有26人存在明显的协调性问题，占剖宫产儿童的65%；而14名顺产儿童中仅有2人有明显的协调性问题，占顺产儿童的14.28%。

26名剖宫产儿童跳绳的协调性问题主要表现在以下方面。

1. 双手摇绳不协调

跳绳时手臂应贴于身体两侧，上臂自然下垂，小臂略微外张，双手握绳，手腕用力连贯摇绳。而有的学生是双手抓绳，举起到肩，然后将绳子砸向地面；有的学生是两手抓绳，整个手臂笔直地甩绳子；有的学生两手臂几乎平举，整个手臂在摇绳子；还有的学生两手摇绳时用力不均，一只手在动，另一只手基本不动。

2. 手脚配合不协调

这种不协调现象是最普遍的，也是导致学生不会跳绳的最主要原因。跳绳时要求手和脚在时间、节奏上配合得当，双脚跳起时，绳子正好从脚下摇过。而在这26名有跳绳协调性问题的剖宫产儿童中，17人有手脚配合不协调问题，导致他们在跳绳时，有的绳子已经落地了，可人还没有跳起；有的起跳过早，人在空中已经开始下降了，绳子还没落地，只好收腿等绳子，结果双腿弯曲重重地落在地上，发出"啪"的声音。

3. 身体重心不协调

跳绳时头与上身要保持一条直线，并要尽量与地面垂直，挺胸收腹，身体要轻松起跳、轻轻落地。有少数学生在跳起时，害怕绳子打到头，就低头含胸，身体前倾，导致重心不稳。有些学生在跳起时，身体过分僵直，左右晃动。

4. 跳跃方式不协调

有些学生起跳不是靠前脚掌用力蹬地，而是靠全脚掌用力蹬，这样必然跳不高，其又害怕绳子会过不去，所以在空中收缩身体，成下蹲姿势，然后又是整个脚掌落地，落地沉重，导致重心降低，不能再次起跳。还有些学生起跳时不是向上跳而是向前跳，好让绳子摇过去，再加上手脚配合不好，看上去就变成了先摇绳子，绳子到脚尖前，再向前跳过去，整个动作就像青蛙一样，一蹦一蹦的，非常不协调，同时也影响了动作的连贯性。

另外，还有一些小的问题程度不等地存在，如跳起时双脚不并拢、身体摇晃、两次跳起之间多跳一次等。

总体看来，在这26人中，有6人双手摇绳不协调，有17人手脚配合不协调，有4人跳起身形不协调，有10人跳跃方式不协调；存在一种问题的有18人，存在两种问题的有5人，存在三种问题的有3人，这3人基本不会跳绳。

二、协调性不好的原因

到底是什么导致剖宫产儿童跳绳时协调性不好呢？原因是多方面的。

首先，从生理学的角度看，人的身体分布着各种各样的感受器，这些感受器接受着来自体内、体外环境变化的刺激而产生神经活动，并沿着各自的传导途径将信号传至大脑皮质的相应区域，然后大脑皮质对其进行精密的分析、综合，进一步调节人体的动作。剖宫产儿童没有经过产道的挤压，缺乏生命中第一次触觉和本体感觉的体验和学习，感官系统处理触觉信息的能力比较差，从而不能很快地将来自体内外的刺激传到大脑皮质的相应区域，影响了大脑的综合分析，降低了感官系统机能的灵敏性，因而在运动中表现出种种不协调的问题。对此，北京师范大学的钱志亮教授说："剖宫产在一定程度上剥夺了孩子的触觉学习，孩子在妈妈肚子里原本有胎盘裹着，产道挤压后，被裹着的孩子就知道哪儿是我的，哪儿不是我的，慢慢地他有一个触觉学习的过程。早先的这些刺激就让他在自己的脑子里建立起身体的地图，如果这个地图没有建立，孩子生下来后就会出现一个问题——感觉运动统合失调。"①

其次，协调性也和学生掌握的各种运动技能有关。理论上，一项运动技能的形成是各种条件反射建立的结果。学生掌握的运动技能越多、质量越高，就越能顺利地掌握新的条件反射，掌握更加复杂、难度更高的技术动作，从而表现出良好的协调能力。一年级剖宫产儿童由于年龄及生理原因，所进行的体育运动比较少，会的运动技能也不多，在跳绳时出现各种不协调的动作情有可原。

此外，学生的心理素质和其动作协调性也密切相关。学生在平时进行体育运动，发展运动素质和身体能力，学习新的技术、技能方面，其效果也与学生的心理、求知欲望、注意力是否集中、信心和意志的形成情况有着非常重要的关系。而剖宫产儿童表现出来的情绪敏感、注意力不集中等不良的心理素质，势必会影响剖宫产儿童对跳绳这一运动技能的掌握。

总之，生理和心理的双重作用，使得剖宫产儿童在协调性上出现了问题。

三、协调性的训练方法

有了上述认识，在教学中，我就有意对剖宫产儿童进行跳绳协调性的训练。训练时，我遵循这样三条原则：一是由易到难，循序渐进。由简单到复杂，由慢到快，由少到多，循序渐进，逐步让学生适应，以达到训练的目的。二是适度重复，有效促进。不断地重复练习也是一个学习经验积累的过程，这个过程会被学生记住并积累起来，以后其在完成这种动作时所花费的精力会越来越少。三是对症下药，保证实效。对剖宫产儿童在跳绳中表现出来的具体协调性问题进行有针对性的、个别化的训练，让每一个学生都补上自己的"短板"，从而在最短的时间内达成训练的实效。

在训练过程中，我主要采用了以下方法。

---

① 钱志亮."腾讯微讲堂"视频讲座：《换一种方式爱孩子——出生方式影响大》.

1. 常规性训练方法

（1）徒手跳绳训练。主要是对学生跳绳的动作进行分解训练，让学生掌握正确的跳绳方法，提高其跳绳的协调性。这个训练分为三步：

第一步，徒手摇绳练习。这个训练主要是让学生在徒手练习中体会摇绳时手臂、手腕应摆出的动作，使其掌握正确的摇绳方法。

动作要领：双脚并拢，脚后跟踮起，双腿稍弯曲，双臂贴于体侧，上臂自然下垂，小臂外张，双手做握绳状，手腕用力做摇绳动作。

练习要领：先慢后快。第一、二两个八拍，每个八拍手腕向前慢慢摇2圈；第三、四两个八拍，稍微加快速度，每个八拍摇4圈；第五到第八个八拍，再加快速度，每个八拍摇8圈。

第二步，双脚跳练习。这个训练主要是让学生练习跳跃的动作、力度、节奏，使跳跃变成熟练动作，从而使其形成正确的跳跃动作。

动作要领：双臂贴于体侧，上臂自然下垂，小臂外张，保持不动。双脚并拢，脚后跟踮起，在教师的带领下，前脚掌用力，有节奏、有弹性地向上跳起，接着，前脚掌落地，每次落地后，双脚要保持并拢，双腿要保持弯曲。

练习要领：节奏跟第一步相同，第一、二两个八拍，每个八拍向上跳2下；第三、四两个八拍，每个八拍向上跳4下；第五到八个八拍，每个八拍向上跳8下。

第三步，徒手跳绳练习。这个训练主要是让学生体会完整跳绳的过程和手脚的配合，初步建立跳绳的动作规范。

动作要领：在上面两步练习的基础上，将手和脚配合起来，在跳起的同时，双手做摇绳的动作。

练习要领：节奏要稳，跟第一、二步相同，由慢到快。

（2）简单的手脚配合训练。这个训练主要是在做准备活动时，根据学生的年龄特点，以游戏的方式进行，重点是训练学生对手脚的控制和配合，初步提高学生身体的协调性，主要有以下训练：

手脚反向动作：教师喊"左脚向前"，学生将左脚向前抬起，同时双手向后举；教师喊"右脚向后"，学生将右脚向后抬起，同时双手向前举。

跳跃击掌：两脚与肩同宽站立，双手平举，跳跃后并足落地，双手向上举至头顶两掌心相击，也可在体前、体后击掌，可根据练习的情况，增加难度交替进行。

站蹲撑立：先站立，后蹲下，然后双手撑地，双脚向后蹬直后再收回原地，最后站起。

2. 针对性训练方法

针对剖宫产儿童的特点和影响剖宫产儿童协调性的因素，在进行常规性训练的基础上，我还对这些学生进行了肌肉控制力的针对性训练。运动就是大脑皮层对肌肉的控制。控制能力越强，协调能力就越好，二者密不可分。因此，对学生进行肌肉控制力训练能有效提高学生的协调能力。

（1）静态控制力训练。学生做一个动作，并保持一定的时间，直到学生感到肌肉酸痛，主要有以下几个动作：

半蹲：学生双脚并拢，双腿弯曲，呈半蹲姿势，双手侧平举，保持4个八拍。

单脚独立：学生一脚独立，一脚抬起，脚尖勾起，双手侧平举，保持4个八拍。

单脚平衡：学生一脚独立，一脚后举，脚尖绷直，身体前倾30°，双手经体前成侧平举，头向后抬起，保持4个八拍。

（2）动态控制力训练。这个训练有点类似做广播操，只不过在做动作时，一定要先放慢速度，然后再加快，让学生体会如何控制肌肉。我结合跳绳的动作以及韵律操和篮球的动作编了一套训练操，再配上音乐，能充分激发学生练习的兴趣，让学生在轻松愉快中主动进行肌肉动态控制力训练，这样便大大提高了训练的效果。

第一节：上肢运动。第一、二拍左右手指交换拨球，同时左右摆胯，第三拍左手向左侧后方拉球，同时左脚脚尖向前轻点地，第四拍的动作与第三拍相反。

第二节：头部运动。第一拍将球由前举至头顶，再举至头后，头部做前后活动，同时左脚向左侧跨一步，与肩同宽，第二拍的动作同第一拍，脚反之。第三、四拍将球在头部周围绕环。

第三节：腿部运动。第一、二拍双手抛接球，两腿同时做屈伸动作，第三拍将球从左腿下绕过，第四拍的动作与第三拍相反。

第四节：全身运动。第一拍左手将球上举至头顶，右手侧平举，右脚向右侧跨一步，与肩同宽，脚尖点地，第二拍的动作与第一拍相反，第三拍将球向左侧后方绕环，同时身体随球做屈伸动作，第四拍的动作与第三拍相反。

第五节：跳跃运动。第一、二拍两脚依次做跳跃后左右分开、合并动作，同时两手将球依次举至体前—放下—头顶—放下，第三拍两脚跳跃后前后开立，左脚在前，同时将球在左侧方拍一次，第四拍的动作与第三拍相反。

在对这26名剖宫产儿童训练两个月后，我进行了一次30秒跳绳测试，从动作协调性看，除当初存在三种问题的3人外，其他学生基本上没有协调性的问题了；从跳绳的数量看，26人都有明显进步，其中23人30秒能跳45个左右，当初存在三种问题的3人现在30秒能跳10个左右。

对当初存在三种问题的3人，我又进行了一个月的训练后再次对其进行了30秒跳绳测试，发现他们的协调性问题有了明显好转，整体协调性有了提高，并且在跳绳的数量上也有了很大的进步，30秒能跳30个左右。看到自己的跳绳成绩提高了，孩子们一个个都特别开心，整天绳不离手，跳绳比武。

在取得成绩的同时，我又思考起来，剖宫产儿童协调性的问题会一直延续下去，甚至到这些孩子成年吗？于是，我对三年级5个班（共369人，剖宫产239人，顺产130人，剖宫产率64.8%，这些学生此前没有进行过任何提前干预）的学生，根据国家学生体质测试标准进行了1分钟跳绳测试。测试结果如下（表4-3-8）。

表4-3-8　体质测试结果

出生方式	优秀		良好		合格		不合格	
	人数/人	占比	人数/人	占比	人数/人	占比	人数/人	占比
剖宫产	29	12.23%	21	8.79%	176	73.64%	10	4.18%
顺产	15	11.54%	10	7.69%	95	73.08%	10	7.69%

通过对比发现，三年级的剖宫产儿童和顺产儿童，在优秀率、良好率等

方面都差不多，甚至剖宫产儿童的成绩还略高一些，不合格的也少很多。值得一提的是，在剖宫产儿童中，有几个从一年级就开始参加篮球社团的孩子表现更是不俗，一分钟竟能跳150多个，远远超过优秀的标准。

通过这次测试、对比我发现，剖宫产儿童的协调性可能会随着年龄的增长缩短与顺产儿童的差距，如果我们在这群学生刚上一年级的时候就进行积极运动型干预（如几个打篮球的孩子），他们的协调性会得到极大提高，甚至会超越顺产儿童。

回顾整个研究，我真切地感受到，学生掌握任何一项运动技能的背后都可能是一个复杂而又神秘的"生命系统"，对剖宫产儿童协调性进行积极干预，只是打开了一个很小的"瞭望孔"，随着生命科学的不断发展和剖宫产儿童学习关怀研究的不断深入，我们的认识会越来越深，研究前景也会越来越好！

我们常说，世界上没有两片相同的树叶，人也是这样，不断发展的生命科学正在为我们解开一个又一个"神奇密码"，每个孩子从他诞生的那一天起，就经历着种种与众不同的经历，这些不同的经历造就了一个个鲜活的、独一无二的个体，每个个体都会遵循成长规律，被一种无形的力量控制着行走在自己的"跑道"上。在日常的体育教学中，我们要转变观念，改变过去"一刀切""齐步走"的教学方法，更多地关注每个孩子的特别之处，尤其是剖宫产儿童这一特别的群体，要给他们特别的爱！

案例 ⑨ 学习能力障碍型剖宫产儿童的观察与辅导

每一个孩子都是特别的。剖宫产儿童小袁同学是一个在学习上存在困难的孩子。通过沙盘游戏的内心呈现，发现他的镜像认知特别明显，这应该是导致他学习困难的主要因素。同时发现，小袁对烹饪特别感兴趣，他的愿望是长大当一名厨师，经营一家大酒店。而如何利用现有资源，帮他克服困难，让他走一条适合他的成长之路，是研究的重点。

"Every child is special"（每个孩子都是特别的），印度电影《地球上的星星》序幕中出现的这句话，是这部电影传达给观众的主要理念。伊夏是个患有阅读障碍症的孩子，他所看到的字母在跳舞，看到的数字在进行星球大战。这些天马行空的想象却给他的现实生活带来了麻烦，那是痛苦的、酸楚的。直到美术老师尼克发现了他的绘画天赋，给他无私的帮助，从此改变了他的人生。

一、害怕学习的小袁

影片中伊夏的经历让我想到了我们班的小袁同学。这是一个剖宫产儿童，因为胎位不正，在预产期前6天，胎盘还没有完全成熟的情况下，被强行做了剖宫手术，离开了妈妈的子宫，来到人间。

还记得在一年级的第一次语文检测中，他是唯一一个不知道把名字写在什么位置的孩子，我把试卷放在投影仪上对他进行了细致的指导，最后还点着他试卷上"姓名"后面的"_____"，他才歪歪扭扭地写上了自己的名字。后面的测试结果可想而知，虽然为他逐条读题，可他依然无法跟上节奏，很多题目无法作答。从此，这个孩子便成了我重点关注的对象。

课堂上，小袁喜欢把一条腿盘在凳子上，两只手不停地做小动作，嘴巴还时不时地发出一些声音，老师讲的内容他自然无法听进去。他也常常找不到自己的书本，桌子里乱七八糟，衣服随手扔在地上（图4-3-13～图4-3-16）。

图4-3-13　小袁喜欢把腿盘在凳子上

图4-3-14　正在翻找书本

图4-3-15 把衣服也扔地上

图4-3-16 脱鞋、捧水杯，无心听课

　　排队的时候，小袁常常游离在队伍之外。旁边的同学牵着他的手，后面的同学也不停地提醒他，可是才一会儿工夫，他又出了队伍。而且我还发现，小袁喜欢擅自离开教室，特别是在中午阅读时间，他总要偷偷地离开，常常要请同学把他找回教室。他有时躲在厕所里玩水，有时在花圃附近溜达，也有几回溜到了操场上。

　　我找到小袁的家长进行商谈，知道了他每天都是由家教老师辅导作业的，家教老师也反映，只要开始辅导他做作业，原本活蹦乱跳的他立马就变得很木讷，很多看起来非常简单的题目，他就是无法弄懂。

　　我跟小袁的家长交换了意见，我建议他们亲自陪伴孩子，帮助孩子养成良好的生活习惯、学习习惯，每天坚持亲子阅读。对于小袁容易出错的一些字母，我教给他们一些区分的方法，如借助身体部位、抽卡片等形式进行识记，尽量让他们的陪伴变得有趣。同时，我还把他存在的主要行为问题制作成一张观察记录表，利用阳性强化法去激励他逐步养成好的习惯，进步明显就奖励他。

　　在学年末复习期间，我问他想要得到什么样的奖品，他只回答了一句："我只想好好睡一觉。"那一刻，我感觉好心酸。玩具、美食都不是他现在最想要的，可见，对于他来说，学习是一件多么累的事。虽然花了不少时间和精力，可非常遗憾的是，学年末的语文考试，他依然没能及格。

　　放假的时候，我又跟小袁家长交换了意见，提醒他们坚持陪伴孩子进行亲子阅读，多留心观察他的生活，发展他的兴趣，让他逐步养成良好的生活习惯。

二、呈现内心的沙游

进入二年级的小袁，没有取得太明显的进步，依然懒散、怕学习，不过吃饭习惯非常好，不少学生有挑食的毛病，他却大口大口地吃着，感觉饭菜特别香，而且他喜欢在午餐时帮忙，分餐具、清洁卫生，他都主动参与（图4-3-17）。

图4-3-17　很勤劳，拖地可带劲啦

对于他的这些优点，我及时给予肯定，他也很乐意跟我谈心，脸上会露出很满足的笑容。但这丝毫没有激起他对学习的兴趣，一旦开始做作业，他就钻到桌子底下找笔、找橡皮（图4-3-18）。

图4-3-18　人呢？原来钻到桌子底下了！

在进行了一、二单元检测后，我带他去了心理咨询室，我想借助沙盘呈现他内心的状态，他对玩沙盘还是很感兴趣的。在他摆沙具时，我在心理咨询接待室跟他妈妈交换了情况，除了聊学习，他妈妈还告诉我，孩子对做饭很感兴趣，有一次早上他很早就起床了，特地为妈妈煮了一碗面条，做得很好吃。原来前一天妈妈跟他开玩笑说："涵涵（小名），奶奶煮的面条都被你吃了，妈妈却没的吃了。"没想到，孩子把这话记在心里了。妈妈还说："这孩子从小就喜欢玩餐具，常常学着奶奶的样子把菜叶子放到锅里，用铲子反复地炒。大人做菜的时候，总喜欢站在一旁专注地看。"

约莫半个小时后，小袁领我们去看他的沙盘（图4-3-19）。

图4-3-19　第一次沙盘呈现出了小袁懒散的状态

从沙盘中我看到：离站位最近的，是一套桌椅，桌上摆满了吃的、喝的。四把椅子围在桌子一圈，上面各有一个字，他只认识一个"心"字，我便把另外三个也读给他听，引导他把椅子调换了顺序，读出了"心想事成"四个字，我表扬他是个有心人，并用这四个字大作了一番文章。读了几遍后，他把这个成语读顺了，还告诉我他想当厨师。想想这么多东西没有人吃怪可惜的，他又找来了几个"警察"享用美餐（图4-3-20）。

在沙盘中，四个地方有生命存在，一是左下角的三个人，歪歪斜斜地躺在露天剧场里，二是小木屋里趴着的一只懒洋洋的小狗，另外两个分别是企鹅和小羊，一个在电脑前打游戏，一个在电视机前看动画片。这些生命体无疑是懒散的、无所事事的，这不就是他平时学习状态的再现吗？通过交谈，他把三个人都扶正了，一起认真看戏（图4-3-21）。我问他："企鹅一直在电脑前打游戏，眼睛累不累啊？"他说："它不知道应该做什么。"后来想了想，说它可以铺床，床铺好后，它可以出去种菜，种油菜。我知道了，他平时经常跟奶奶待在一起，这些主要是他生活经历的再现。

再看平铺在沙子上的字母，一共6个，其中字母"R"是最清晰地露在外面的，摆放正确。其他5个字母"F，Z，C，B，P"，多多少少地陷在沙子里，细细一看，全部以反方向放着。经过引导，他重新摆正确了，后来还添加了一个字母"A"（图4-3-22）。原来他眼中的很多字母都是反着的，能在沙盘中摆字母，选择"A"，说明他还是有学习的意愿的。

图4-3-20 吃的方面毫不含糊

图4-3-21 调整后的人物精神抖擞

图4-3-22 调整后的字母清晰整齐

在沙盘的右侧，有一座桥，有一列地铁，这是整个沙盘中最能触动我内心的，通过地铁，就能走到更广阔的天地中，虽然不知道那是一个怎样的世界，但是一定很精彩。回想起曾经一次次地游荡在校园中的他，他对外面的世界究竟充满着多么大的好奇！沙盘中非常显眼的是左边那一部分，加油站门前停着两辆警车，却被堵住了，无法前进。后来，他意识到了是那个鲜红的障碍物把警车挡住了，于是，他把这个障碍物移走了。我想孩子的内心深处堵塞的那部分也跟着被带走了吧。

在重新调整沙盘之后，小袁还添加了一座医院，医院无疑是治病的地方，他似乎有某种需要。因为时间关系，就没有让他继续摆放，但答应他，只要以后他上课认真听讲，还带他来做沙盘游戏。他说："下次，不再摆企鹅打游戏了，也不看动画片了，这里还有好多东西，下次要选别的。"

从整个沙盘呈现的情况来看，孩子在吃的方面毫不含糊。他想学习，但稀里糊涂，主要原因是镜像认知让他觉得很吃力，他整个人的状态是懒散的，心里也是堵着的。经过调整之后，他心里应该顺畅了许多。整个画面留白很多，看得出这是一个非常单纯的孩子，相信有了"心想事成"的信念，他应该会逐渐改变懒散的状态。我也建议他妈妈多带他了解外面的世界，让他了解更多的职业，在生活中学习。

三、焕然一新的面貌

有了前一次的沙盘游戏经历，小袁信心大增，上课时坐得端端正正，遇到他会读的词语就举手，读的声音也非常洪亮，看得出，他在课前认真预习过，不过读课文对他来说还是比较困难的。为了在课上能更好地帮助他，我们通过结对子，把一位学习习惯非常好、也愿意帮助他的女生小李安排在他旁边，小李常常提醒他做好课前准备，协助他找到指定的学习内容，跟他一起读书，课后也会耐心地辅导他（图4-3-23）。

图4-3-23　小李正在耐心辅导小袁做习题

在课上，我会请一些孩子到黑板上写生字，有两次我请了举手的他，他写得完全正确。为了强化他对生字的记忆，中午写字时间，我请他和另外一个同学一起领着全班同学写字。起初，当遇到笔画多的字时，他常常会忘记写到第几笔了，但说的遍数多了，也就不会数错了，这样有助于他按照笔顺正确书写，也能让他把音和形统一起来。为了培养他的阅读兴趣，我请同学陪着他读《一年级的小朵朵》。我发现每次讲故事时，他的专注度都比较高，就建议他妈妈给他听带有字幕的故事。一段时间下来，他的默写能力有很大的进步，有一次，他默写20个词语只错了2个。

作为认真学习的奖励，我又一次带他到心理咨询室。这一次，他还是先摆了那套桌椅，只是，四把椅子他反复摆了好几次，也没有按顺时针或逆时针的顺序摆对"心想事成"，我帮了他一把，直到他读出了"心想事成"才满意地笑了。桌上依然是酒、菜、水果，这次，人也来了，三个警察站在椅子上，另外一张椅子上，父亲驮着儿子在桌边。接着就是餐具、煤气灶、锅子、铲子，他在其中倒入鱼、肉、虾、菜……且非常熟练地操作着，俨然一位厨师（图4-3-24）。

这次他依然在原来的地方摆了字母，8个字母非常清晰地出现在沙子上，其中"P、N"摆反了，其他的正确（图4-3-25）。他看着上次摆放加油站的地方，自言自语道："这次不放在这儿，摆到那边去。"说着，他就把加油站放到了字母的右边，加油站前有一辆警车、一个红灯，但路是畅通的。他这是在为自己加油呢！

左上角是菜园、果园，他说要种很多蔬菜、水果，留着给客人吃。一辆大卡车停在那儿，是留着运输的，多么好客、勤劳的孩子！这难道不是我们的社会所需要的劳动者吗？美好的生活难道不是衡量幸福的标准吗？是的，在小袁的世界里，一切还是很单纯的（图4-3-26）。

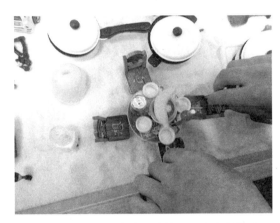

图4-3-24 "心想事成"的椅子，小袁调整了
好几次才按顺序放好了

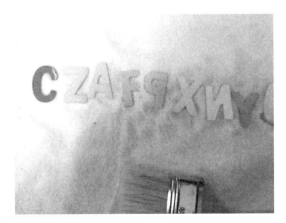

图4-3-25 沙盘中8个字母很清晰，但P、N还是摆反了

图4-3-26　第二次的沙盘可以看出
小袁对做菜很感兴趣

　　除了吃的，他不再去关注别的东西，看看旁边还有不少食物没有下锅，就一批一批地换，一开始煮的都是鱼，后来煮鸡腿，最后换了一锅萝卜。看来他对做菜真的非常感兴趣，最后他在炊具旁摆放了一个女的，他解释这是来做菜的人。

　　这一次沙盘中与懒散有关的人和物全都没有了，没有地铁，没有小桥，当然也没有医院。在这次的沙盘中，还出现了水车，红、黄、绿三个障碍物分散在三个角落，有意思的是，代表不能通行的红、黄障碍物很有力地立着，而代表可以通行的绿色障碍物却倒着，绿色也代表着生命，代表着希望，这又意味着什么呢？一时还看不明白。

　　我再次请他家长到学校交换情况，这次小袁的爸爸妈妈是一起来的。说到他第二次摆的沙盘，做父母的也看到了孩子的兴趣所在。爸爸反映，平时孩子喜欢在一旁看他们做菜，显得非常专注。对于他喜欢的事，他的专注力还是比较高的，学游泳、学骑自行车、学拍球，都掌握得比较快。但是某些方面，他却学得慢，如他从小说话就比一般孩子晚，幼儿园老师也反映过他的注意力不够集中。现在他每个周末都要去学习跳舞，练习分解动作的时候，还能跟着节奏走，连贯练习的时候，他就难以按照节拍进行了，舞蹈老师也反映他注意力容易分散。

四、训练感统的跳绳

小袁上课的状态有了明显改善，读写能力有了不小的提高。可是，在五、六单元的测试中，他依然只考了24分，看到这个分数，也没有太多的意外。是他不努力吗？可是他每天晚上都会在父母的帮助下，坚持补习当天的功课，现在他语文词语听写正确率已能达到80%。他能够跟人正常交流，口头表达是清楚的，手脚也是麻利的。但是他存在学习障碍也是事实，而阅读障碍是他最主要的问题，他的很多表现都挺像剧中的伊夏，只是他的同学没有嘲笑他，老师没有歧视他，家长没有放弃他，他依然天天有灿烂的笑容。

为了找出孩子难以完成学业的原因，小袁的家长带他去南京脑科医院进行过检测，通过做瑞文标准推理测验，得出他的智商数为105，智力属于中等。另外显示：孩子的感觉统合功能失调，学习能力发展不足，另外还有明显的注意力不集中和多动倾向，多动商值为101。

感觉统合失调是大脑功能失调的一种，也被称为学习能力障碍，这大概与他出生时的状况有关。据他家长介绍，在孩子预产期前一周，孩子妈妈肚子疼得厉害，又无法自然分娩，只好选择了剖宫生产；出生后他又曾重重地摔过一跤，头部受过伤。在整个学龄前期，家长对孩子成长的关注不够，教育方式简单，错过了感觉统合训练的最佳时机。

我想起了他还不会按照"一二一"的节拍走路，跳绳还是一个一个地跳，不能连贯地跳，他的协调能力很差，跟不上节奏，这是导致其注意力不集中的根本原因。虽然他已错过了接受感觉统合训练的最佳时机，但还没有最终定型。在没有专门的时间、专业的方法指导的情况下，跳绳是最简便易行的运动。在爸爸的陪伴和自身的努力之下，几个月下来，小袁连跳的个数逐渐增加，最多的一次连跳了30多个。为了增强他的自信心，激励他坚持练习，我建议他跟爸爸练习亲子跳绳，一起报名参加学校的阳光体育运动会。这是一个团体运动项目，以班级六组家长的总得分计算成绩。比赛那天，虽然他们跳得并不快，跳的个数不多，但是班上其他几组亲子跳绳成绩突出，最后本班的亲子跳绳项目取得了年级第二的好成绩，他作为其中一员，为班级争了光，体验到了成功的喜悦。

五、个案后续的思考

小袁是我们班上学习最吃力的孩子，我一直将之归结于孩子的态度问题，觉得他习惯太差。在两次沙盘的呈现中，我看出了孩子的主要问题是存在阅读障碍，也知道了他的兴趣所在。他很自豪地告诉我，他长大后想当厨师，自己要开一家有八层楼的酒店。如果他一直坚持梦想，并为之努力，完全是有可能的。父母对于他将来当厨师的愿望也很支持，至少他们看到了希望，孩子也确实对做菜最感兴趣，在待人接物方面也比较热情。三百六十行，行行出状元，生性不懒惰的他完全有可能走这一条人生路。人一辈子能把自己喜欢的事情当作事业来做，是一件多么幸福的事。但有点担忧的是，如果孩子一直活在分数的阴影里，随着年龄的增长，他的挫败感是不是会越来越强，特长能否得到更好的发展？

如何更科学地帮助小袁，这将是我今后工作中需要不断实践与摸索的。还好已经找到了他的闪光点，如何让这颗星星发光？且行且思吧。

案例 ⑩ 关于剖宫产儿童触觉防御的个案研究

剖宫产儿童没有经过子宫收缩刺激和产道挤压，这种生产方式剥夺了孩子最初的也是最重要的触觉练习机会，因此剖宫产儿童是最容易出现触觉防御的。本研究结合研究者儿子身上出现的一些触觉防御问题进行研究分析，并积极探索改善剖宫产儿童触觉防御敏感问题，提高孩子的社会交往能力。

一、背景介绍

由于一些特殊原因，我儿子涵涵也是一名剖宫产儿童。在他的身上触觉防御问题表现得比较明显：每次帮他洗脸时，他总是躲躲藏藏的，不喜欢别人的触碰；他特别怕痒，身体的任何一个部位只要稍微触碰一下，就会咯咯咯地笑个不停；擦护肤品时，其他人不能触碰到他的脸，只能抹在他手掌上，让他自己擦；每次洗完澡帮他擦干时，碰到哪都笑，扭扭捏捏很不自然；在与其他小朋友相处时，只要别人稍微碰他一下，或推他一下，他就会显得很生气，觉得别人故意把他弄得很疼，有时也会因此攻击别人。我认为，这种状况在一定程度上制约着孩子的正常社交，容易造成他人际关系紧张、情绪不稳定等问题，阻碍孩子人格的健全发展。作为家长，我也常常为此烦恼。

二、归因分析

人的出生过程是人生奋斗历程的序幕。反抗胎盘内壁的贴附和子宫与产道的收缩是胎儿很好的练习过程。在触觉练习和运动学习中，胎儿发现了自我身体的全部，促进了其触觉和前庭平衡觉、本体感觉的正常发展。北京师范大学钱志亮教授在《解读先天差异》中提道：剖宫产儿童是最容易出现触觉防御现象的，剖宫产没有前兆，孩子本来在温暖舒适的羊水中舒服地漂浮着，突然洞门打开被拎了出来，突如其来的惊吓和环境的迅速变化将持续影响孩子生命最初的七年。钱教授同时也提到剖宫产儿童在出生时由于没有经过子宫收缩刺激和产道挤压，被剥夺了最初的也是最重要的触觉练习的机会，外部环境的突然改变导致剖宫产儿童的触觉防御表现得尤为明显。具体表现为：对外界新刺激适应性弱，所以喜欢固着于熟悉的环境和动作中，喜欢保持原样或重复语言、重复动作，对任何新内容的学习都会加以排斥；成绩不佳，人际关系冷漠，常陷于孤独之中；常拒绝理发、洗头、洗脸，夏天即使很热也要盖被子；怕人、不喜欢他人触摸，对不经意的撞击会反击，人际关系紧张；害怕拥挤、胆小、害羞等；害怕到新场合，经常刚到新场合不久便要求离开；不喜欢玩沙子、怕水；容易黏着妈妈或固定的某个人，喜欢被搂抱；不喜欢直接视觉接触等。

三、训练改善

追本溯源，回到出生方式上看触觉防御，有种拨云见日的敞亮。于是，我专门查阅了一些有关触觉防御的资料和文献，同时结合涵涵的触觉防御表现，制定了相应的训练方案，并落实在孩子的日常训练中，孩子的触觉防御问题逐步得到改善。训练的过程具体划分为三个阶段：初级阶段、中级阶段和高级阶段。

（一）初级阶段：给孩子强烈的安全感

1. 延长陪睡周期

对于家长陪孩子睡这件事，我们家一开始是存在争议的。我先生认为男孩子越早独立越好，他认为分床睡是孩子独立的一个标志。但涵涵从小就很喜欢黏着我，似乎只有我在身边他才睡得安稳，要分开着实不容易。试过几次让他单独睡，但他总是睡不着，然后我先陪着他，等他睡着后，再回自己的房间。但是一旦半夜他突然醒来，会立刻哭闹，然后赤脚闯进我们的房间，直到钻进我们的被子里才肯罢休。在了解了剖宫产对儿童的衍生危害之后，我们开始思考：涵涵不敢分床睡会不会也源于其出生方式？也许就是那"温柔的一刀"给孩子造成了惊吓，导致他一直缺乏安全感，唯有躺在妈妈身边，他才会觉得安全。

国外心理学家研究证明：一个正常的个体每天需要11个拥抱，否则就会产生情绪情感问题。钱志亮教授在《儿童生理问题咨询》一书中提道：西方国家强调亲子分床睡，小时候没抱够，长大后见面相互拥抱以做补偿。东方国家的孩子一生下来就和父母睡，父母为孩子提供必要的搂抱、抚摸、轻拍等触觉刺激，所以孩子长大后一般都非常强调保持个人空间与矜持。现在很多年轻人盲目向西方学习，孩子一出生就分开睡，结果导致孩子产生触觉防御。因此，剖宫产儿童在睡觉方面需要家长更多的关爱，一般来说，顺产儿童的家长宜陪睡到4周岁，剖宫产儿童应延迟到7周岁，因为，剖宫产儿童的安全感到7周岁之后才能逐渐恢复到正常水平。

事实正是如此，涵涵在7周岁之前一直黏着我们，或许是孩子的本能反应，几次分床睡的尝试都以失败告终。在7周岁之后，有一天，他自然而然地提出要一个人睡，带着小闹钟来到自己的房间，不一会儿竟然睡着了。看着孩子睡熟的面庞，我欣慰地笑了。孩子的发展切不可操之过急，每个孩子都有自己的特性，我们应该顺应自然，静候花开。

2. 优化活动空间

　　一个杂乱的环境会使人心情烦闷，不愿意活动，会限制孩子的思维和想象力。而干净自由的活动空间能使人身心放松，心情愉悦，产生安全感。我专门为涵涵准备了一个房间，房间里没有过多的家具，地板上铺上毛茸茸的毯子，放几本书和几样他喜欢的玩具。放学后，我们经常陪着他玩一会儿，玩的过程中有意地进行一些触碰，如在表扬时轻抚他的头，游戏胜利了拍拍他的肩膀或给他来一个大拥抱。在这个过程中，他显得比较轻松和快乐，安全感系数比较高，也没有过多地表现出触觉防御的问题。

（二）中级阶段：多种方式实施触觉训练

1. 利用好洗脸、洗澡的机会

　　之前提到过涵涵对洗脸、洗澡特别敏感，常躲躲闪闪地逃避。因此，我决定采取循序渐进的方式对他进行干预和引导。在洗脸时，首先告诉他怎么洗才能把脸洗干净，然后在他自己洗的过程中做适当指导。如果发现有哪些地方洗的不到位，不直接拿起毛巾帮他擦，先跟他沟通："我帮你擦一下吧。"在征得他同意的情况下，再慢慢地、轻轻地帮他擦一擦，这样他有个心理准备的过程，擦的过程中会观察他的面部表情，如果有不自然的现象，立即停止动作。

　　在洗澡时我会选择用毛刷子帮他刷身体，在洗澡后用粗糙的毛巾为他擦身体，把他包在浴巾里，轻轻地揉搓他，让他的全身都能得到按摩。还会用电吹风吹他的身体。一开始他有点不适应，但经过几次训练之后，情况有了明显的改善，对于父母善意的抚触他也能欣然接受了。

2. 多玩身体触碰类的小游戏

　　对于儿童来说，跟父母一起玩游戏也许是最快乐的事。而且游戏似乎有一种魔力，它能自然而然地营造出一种轻松愉快的氛围，迅速拉近游戏者之间的距离，并让游戏者体验到快乐和喜悦。

　　"盲人摸象"的游戏是指在箱子里摆放各种各样的玩具，然后让孩子蒙上眼睛，孩子用手任意挑其中一种玩具，再通过触摸它的形状、大小，来猜猜是什么并说出物品的名称，一旦猜对就可以得到小奖励，此方法可以训练孩子的触觉区别能力和比较能力。

"后背猜字"是指用手指在孩子的后背写字，锻炼孩子认知水平的游戏，家长应该写一些笔画较少、比较常见的字，让孩子多获得成功的喜悦。此方法可以训练孩子背部的触觉反应，强化其触觉接受能力，削减其防御过度的心理障碍。

此外，我们经常玩挠痒的游戏，玩沙、玩水、游泳、赤脚走路，这些训练都起了不小的作用。

（三）高级阶段：适当进行触觉思维训练

触觉跟人体的神经系统有着很大的联系，触觉思维也影响着一个人的智力发展。大自然是一本天然的教科书，孩子应多与大自然接触。有一次我们去公园游玩，我让涵涵先去摸一下大树的枝干，体会树干的粗糙，让他观察树干的结构，并说说为什么会有这样的触感；然后再让他摸摸光滑的竹子和竹叶，想一想跟触摸树干有什么不同的感觉，为什么会有两种不同的感觉。接着让他试着用学过的词语来描述两种不同的感觉。这种身体感觉、言语表达、思维训练相结合的方式帮助他从更加理性的层面认识到事物之间的差异，以及人具有通过触摸区别各种差异的身体本能与活学活用知识的才能。不知不觉中，他竟然爱上了这种方式，甚至还借助画画把这些事情记录下来，形成了很好的绘画日记。

四、思考及后续

理论上，并不是每个剖宫产儿童都一定会出现或者明显出现触觉防御问题，因为每个孩子都是独一无二的个体，先天存在差异性。家长或教师在教育孩子的过程中会遇到孩子的各种各样的异常表现，此时我们应做一个有心的观察者，找到其行为背后的原因，追根溯源，并进行有效的指导，对孩子的特殊行为要多一分理解，多一分关爱。

对剖宫产儿童的触觉训练进行得越早效果越好。因此，触觉防御儿童的家长应积极行动起来，及早对孩子进行适当的训练和防治。对于剖宫产引起的孩子的触觉防御、感觉统合失调等问题，家长和教师应该给予理解，切勿操之过急，触觉训练强度应该在孩子身体和心理可承受的范围之内进行，同时要遵循强度由弱到强、时间由短到长的原则，不能采取过分强硬的态度，否则会导致孩子二次受伤。我认为，孩子的问题，应依据孩子的个体情况顺势而为，在孩子轻松愉悦的状态下，尽可能多地帮助孩子做好预防和改善，能解决当然更好，因为它们的确也会造成一些困扰；解决不了也不用太焦虑，一定程度上讲，孩子是可以和自己的问题和睦相处的。家长平时应该做一个有心人，多了解和关注一些剖宫产儿童的相关信息，以便及时发现孩子的问题，避免遇到问题时束手无策。

转眼间，两年过去了。在采取一系列的干预措施之后，当然也有可能随着年龄的增长，儿子在触觉防御方面的表现已经不是很明显了，当和比较熟悉的小朋友在一起时，他大部分时间能比较自然地跟他人接触、相处。但在学习方面，他经常会犯一些令人哭笑不得的错误。例如，在数学考试时，哪怕他很努力、很认真地去思考和答题，差不多每次都会因为计算错误失去6分左右；在英语学习方面，一些单词明明一开始他记的是对的，但在书写时会发生错误，如把"with"写成"wich"，"bathroom"写成"basketroom"；在做语文选择题时，明明心里想的是B，但到了试卷上却写成了A。诸如此类的问题，时常发生。在学习方面他花费的时间不少，但每次取得的成绩却不是很理想，学习上一次又一次的受挫，使他在情绪方面变得比较敏感，原本无忧无虑、活泼开朗的他渐渐变得不自信了。在学习竞争如此激烈的今天，涵涵在学习方面的表现让作为教师的我和他爸爸感到十分焦虑。

在"剖宫产儿童学习关怀的实证研究"课题的引领下，我查阅了一些相关的文献资料，"儿童感觉统合失调"这一概念逐渐走进了我的视线。感觉统合失调是指来自外部的感觉刺激信号无法在大脑神经系统中进行有效的组合，机体不能在大脑的指挥下协调地运作。出现感觉统合失调的儿童其认知能力与适应能力将不同程度地被削弱，他们在听觉、视觉、触觉、行为、情绪等方面的反应不是很灵敏，常常会出现计算错误、看错题目、阅读时漏字等现象。事实上，自然分娩的儿童也会有感觉统合失调的情况，只是剖宫产儿童感觉统合失调的概率要高于自然分娩的儿童。据有关专家统计，随着社会的发展，经济发达地区、城市地区感觉统合失调的儿童越来越多。感觉统合失调一般发生在儿童身上，随着年龄的增长，这种障碍一般会在18～25岁不治而愈。但因为感觉统合失调会使儿童、青少年错失掌握知识技能的最好时机，因此对感觉统合失调的孩子还是应该及早进行干预，促进其健康发展。

为了尽快地改变现状，帮助涵涵树立学习的自信心，我从以下几个方面做了一些尝试。

1. 培养良好习惯，减少马虎

叶圣陶先生说："什么是教育？简单一句话就是要养成良好的习惯。"

在做作业时，我要求他认真读题，一字一句，学会审题。先通读，再圈出重点部分，最后再返读一遍，厘清题目思路，知道自己答题时要注意什么。很多时候，孩子受思维定式和先前经验的影响，会忽视题目的特殊性。

在书写时，要求他认真书写，答题必须规范，一定要想好了再下笔。橡皮有时会使错误越来越多，错了可以改，但越改心越慌，错误率就越高。因此，在做作业时，我会把他的橡皮收起来，需要用橡皮时须向我申请，这样他在书写时会有所顾虑，答题比以前细心多了，用橡皮的次数也越来越少，正确率也越来越高。

最后，在作业完成后，养成自己检查的好习惯。作业写好并不是"万事大吉"，如果不仔细检查，还是会出现一些低级错误的，如单词抄错、漏字、漏题、题目看错等情况。养成善于检查的好习惯，对孩子来说是可以终身受益的。

2. 有针对性地做一些感觉统合训练

有些问题并不是强调了很多次孩子就一定能做到，这时家长不能一味地指责、打击孩子，使他失去学习的信心。要冷静下来思考，也许有其他生理方面的原因，这时，就有必要对孩子进行一些有针对性的感觉统合训练。

针对孩子阅读时经常漏字和跳行的问题，我们有针对性地对他做了一些感觉统合训练，如看图找不同游戏。拿两张看起来相似的图片，找一找两张图片的不同之处。在游戏过程中，孩子通常会保持注意力高度集中的状态，认真观察图片，这个游戏不仅能培养孩子的专注力、耐心，还能提高孩子的观察能力。在游戏过程中，孩子有时会出现不耐烦的情况，家长应及时鼓励，调动积极性，让孩子在游戏中获得成功的体验，激发其继续学习的动力。

另外，做改错题也不失为一种很好的方式，在语文、数学、英语方面都可以进行一些尝试。孩子一般比较喜欢这种类似于"找茬"的答题方式。

改错不仅能有效了解孩子对知识点的掌握程度，还能激发孩子的批判思维。这种逆向思维学习方式，能培养孩子做事的专注力和敏锐的观察力。

3. 缓解情绪，不给孩子制造过大的学习压力

触觉防御的孩子在情绪方面往往比较敏感，有时看似一件平常的小事也能在情绪方面引起其比较大的波动。

有一次，涵涵的同桌，一个小女生，发信息跟我告状，说涵涵在排队时打了她。我感到很惊讶，因为他属于比较文静的男孩，从来不会主动攻击别人。放学回来，我了解了情况，原来是旁边的几个女生总爱和他开玩笑，说他走得太慢了，推了他一下，他立刻变得很气愤，也用力推了人家，男孩子生起气来手上力气还不小，一下子就把人家推倒了。这件事虽然双方都有过错，但也反映出他遇事不够沉着冷静、敏感易怒的性格特点。

同样的，在学习方面，由于经常看错、算错，分数也不是很理想，他对自己的学习也不是很有信心。每次考试前，能很明显地感到他有一些担心和焦虑，怕自己考不好，但事实是他越担心越容易失误，特别是数学方面，有些题明明会做，但总是算错。

意识到这种过分敏感的情绪对孩子身心发展的不利，我们决定在学习和生活方面尽量不给他制造过大的压力，不提苛刻的要求，允许他犯错。但是在犯错之后，会和他一起做适当的错误分析，是看错、想错，还是写错，或者是知识点掌握不到位，让他及时将错误归类，对症下药。失败乃成功之母，善于总结失败教训的人会比别人多一些取得成功的概率。

剖宫产儿童在情绪方面确实更加敏感，小学阶段是孩子性格和习惯养成的关键期，因此在学习和生活方面，我们应该给予他们更多的耐心和陪伴，让他们遇到问题切不可大意疏忽，对他们多一分理解和帮助。

孩子的成长受遗传、环境、同伴、父母的教育方式等多种因素的综合影响。早在春秋末期，中国著名大思想家、大教育家孔子就提出"因材施教""有教无类"的教育思想，对待不同的孩子，我们应该采取不同的教育方式。因此，对于剖宫产儿童在某些能力和表现方面的不足，我们应积极地、想方设法地创造条件，帮助他们树立信心，走出困境。

案例 ⑪ 剖宫产儿童胆怯心理的行为观察与矫治

剖宫产儿童被强行从妈妈的子宫里剥离开来，"薅"的过程会对孩子造成惊吓，过度的惊吓会对孩子造成很大的伤害，并且这种伤害是持久的。本研究通过对一年级三名剖宫产儿童的行为观察，把握胆怯心理在这类孩子身上可能引发的不同行为，并采取积极干预和跟踪指导措施，使他们逐步消除胆怯心理，健康成长。

在心理学上，胆怯是一种心理状态，引起儿童害怕的可能是某一具体的事件或人，也可能是特定的场景，或者是完全没有必要的担心。具有不同性格特征的人，其胆怯的心理会有不同的外在表现。

剖宫产改变了人类的自然生产方式，使得胎儿失去了分娩过程中被挤压的经历，跳过了早期大脑和皮肤压力的触觉感受，从而容易产生以触觉防御性反应过度为主的诸多行为问题，常常表现为胆小退缩、排斥拥挤、害怕接触等。如果在此类剖宫产儿童的成长过程中，采取积极有效的干预措施，能够帮助他们逐步消除胆怯心理，促进他们健康成长。为此，我在2017年新入学的一年级学生中开展了剖宫产儿童胆怯心理的行为观察与矫治研究。

一、同为胆怯，表现却不同

一年级刚入学的孩子产生情绪波动是正常现象，作为从教十多年的班主任，我也掌握了一些帮助孩子们适应小学生活的方法。然而，班上三个剖宫产孩子的情绪波动特别大，这引起了我的注意，在进行了一番观察之后，我发现这三个孩子在班级生活中都显得很胆怯。但同是有着胆怯心理的他们，却又有着不同的表现。

学生一：

小悦，女，2010年9月30日出生，剖宫产儿童。

主要表现：沉默，孤独，利用眼泪保护自己。

2017年8月31日，新生报到第一天。我根据孩子们个子的高矮安排了座位以及排好了放学路队，并将孩子们排的队伍拍照发到了班级群。不一会儿，小悦的妈妈发来了一张带有标注的图片。图片上，小悦站在队伍的后面，低着头摸着自己的衣角。

小悦妈妈问："老师，孩子个子不高，为什么被安排在后面？"

我也觉得奇怪，排队的时候，我和副班主任两个人都把个子矮的学生安排到前面，莫非当时她一直躲在后面，我们忽略了她？

小悦妈妈反映，孩子平时比较内向，不爱跟人交流，希望老师能够多多给予关注。由于个子不算高，她被调到了教室的第一排。课堂上，教师们几乎看不到她举手，只有在"开火车读"的时候，她才不得不开口且声音微小，站到她身边才勉强能听清楚。如果她没举手，喊了她发言，她不仅默不作声，眼里还会泛起泪花。如果再过多问她，她会一个劲儿地流泪。让她别哭，她却越哭越凶。老师们知道她有爱哭的毛病，都不敢随便喊她回答问题。

课间，也几乎看不到她跟小伙伴们一起玩，倒是常常看到她坐在座位上，一个人默默地反复把书包往桌子里塞，动作费力，却从不求助于别人。

学生二：

小姜，女，2011年5月4日出生，剖宫产儿童。

主要表现：担心，不安，寻求强者宠爱自己。

新生报到的那一天，奶奶和妈妈一起送小姜进教室，其干净的外表、漂亮的衣服引起了老师和同学们的注意，真是个可爱的孩子！可没到一节课的工夫，小姜就走到我的身边，皱着眉头说肚子疼，我赶紧打电话通知了小姜妈妈。妈妈说，以前在幼儿园，小姜也经常说肚子疼，看医生也没什么毛病，只要回到家就没有任何事了。那天是开学的第一天，估计她是想回家了。妈妈拜托老师帮忙再观察观察。挂了电话，我给她倒了点开水，尽量像妈妈那样温柔地拉拉她的手、摸摸她的头，鼓励她勇敢、坚强，她的情绪稍有好转。离中午放学还有大约一个小时，她又哭着说肚子疼得厉害，一定要妈妈接她回家。小姜妈妈来到学校，看到了她的状况，肯定地说孩子没什么问题。

在我的坚持下，小姜妈妈还是先带她去检查了身体，医生确认其身体没有什么问题，看来与怕上学有关系。

9月1日正式上课那天，小姜的情绪波动还是很大。每隔二三十分钟就要报告一次，哭着说肚子疼，闹着要回家。既然医生已经说了没问题，一定是她还没有适应小学生活。为了稳定她的情绪，我和副班主任给她开了绿灯，顺了她的意，让她坐到幼儿园时的老同学旁边，有了一个熟识的伙伴，她果然开心了不少。下课后，她又哭着告诉数学老师她肚子疼，数学老师拉着她坐到了教室门前的长椅上，她就挽着数学老师的手臂，依偎在老师的怀里，绵软的样子倒令人心生怜悯。

开学的前几天，小姜就这样天天闹肚子疼，任课老师都知道她其实是找借口回家，便想了很多办法转移她的注意力。但留住了她的人，却没留住她的心。她对班级生活有太多的不安，担心铅笔会断，担心书本会丢失，担心别的小朋友会弄脏她的衣服……她根本没有办法把注意力集中到学习上，每堂课她都会走到讲台旁好几次，不管老师是不是在讲课，也不管同学们怎么看她，她都执着地诉说着自己身体不舒服，一会儿肚子疼，一会儿手臂疼，身体的各个部位轮着疼。课堂活动被打断后，我停下来安抚一下她，帮她揉揉"疼"的部位，对她说马上就没事了，她也就回到座位上了。如果是其他课，她则会从教室里跑出来，直接到我办公室寻求安慰。

她就这样特别爱黏着老师，不分时间，不分场合。排队的时候，她不愿意跟旁边的男孩拉手，就离开自己的位置，去牵住老师的手；吃饭的时候，她也不愿意跟小朋友们坐在一起，直接把餐盘端到老师的旁边，跟老师坐在一起。她的这些自由散漫的行为，给班级活动的组织带来了不小的影响。

学生三：

小瑞，男，2011年1月6日出生，剖宫产儿童。

主要表现：脆弱，敏感，自我保护过度。

小瑞的怪异在于，他常常跟周围的小朋友发生矛盾，起因不过是为铅笔、橡皮之类的小事，或者根本就没有什么原因，就吵起来了、动手了。一般小孩子吵吵闹闹是常事，调解完后就又手拉手玩起来了。小瑞却不这样，不管什么时候，他都觉得自己没错。一次数学课上，他打了后面小朋友一拳，被数学老师发现了，老师才开口批评他，他就分开两腿，张开双臂，紧握拳头，头略微下垂，双目圆睁，一副很"凶"的样子，喉咙里还发出"呜呜"的声音，似乎要和老师开战。这已经成了他的标志性动作。我们班的科任老师都领教了他的这副架势，所以当他开始发脾气的时候，大家都冷处理，等他恢复平静之后再找他谈。

脾气发得最大的，应该是在学校幸福剧场看节目的那一次。起初，他跟邻座的小男生起了争执，动起了手，旁边的另外一个孩子劝他们不要闹，他就连同劝和的孩子一起打了。他们的哭闹声引起了坐在后排的家长义工的注意，那位好心的家长走上前来劝阻，不但没能劝阻住，还被踢了一脚。当我走过去的时候，看到他满头大汗，泪水混合着汗水，看起来像一只被激怒了的小公牛，愤怒的情绪正在喷涌而出，谁看他笑话，他就要揍谁。我赶紧让其他孩子坐好，用自己的身体把他和别的孩子隔开。等他情绪稍微平静一点，便问他怎么回事。他说都是那个孩子的错，还让我打电话给那个孩子的家长，让家长好好教育自己的孩子。后来在我的耐心引导下，他开始承认是自己的不对，我苦口婆心劝了好长时间，他才同意和人家握手言和。

二、积极干预，内心变强大

这三个孩子，性格各不相同，小悦内向、沉默，不愿跟人接触；小姜爱撒娇、黏人，希望得到师长的保护；小瑞外表强硬，很有力量，内心却敏感、脆弱，常常因为别人的一句话或是一个眼神就和别人起争执。他们不同的外在表现，都表明了他们内心的胆怯，他们十分害怕受到伤害。他们三个都是剖宫产儿童。在医学上，剖宫产的婴儿被强行从妈妈的子宫里剥离开来，"薅"的过程会对孩子造成惊吓，过度的惊吓会对孩子造成很大的伤害。在出生时就受到惊吓的婴儿，如果在幼儿期没有得到及时的修复，以后还会容易受到伤害。在整个幼儿时期，受各自的家庭因素及教养方式的影响，孩子保护自己的方式也不尽相同，或者还不具备保护自己的能力。小悦就属于无法保护自己的类型，遇到事情就哭鼻子，不敢在众人面前表现自己。小姜只要遇到一点小事，就感到非常害怕，害怕陌生的环境，总是找借口逃离这种环境，或是去寻找比自己强大的人保护自己。小瑞则比较敏感，一旦觉察到自己受到一丁点儿侵犯，就用激烈的肢体动作来掩盖自己的胆怯心理。钱志亮教授指出：这是触觉防御的一种表现，个人空间太大，对不经意的碰撞反应很激烈，个性孤僻，攻击性强，经常欺负别人，在团体中很难交到朋友，容易与人发生冲突争吵，人际关系紧张。①

长此以往，这三个孩子的健康成长就成了问题。作为小学启蒙老师，既然发现了不利于孩子成长的这一性格因素，就有责任帮助他们战胜胆怯心理。我主要采取了以下干预措施。

1. 改变认知——找出不合理的想法

认知理论认为，认知过程决定着行为的产生，同时行为的改变也可以引起认知的改变。在与这几个孩子交流的过程中，我发现他们都比较敏感，别人不经意的一句话，会在他们的内心产生强烈的刺激。因此，我经常通过促膝谈心的方式，了解他们内心真实的想法，找到其思维中不合理的环节。

小瑞有时会动手打人，他总是强调别人怎样伤害了他，却意识不到自己对别人的伤害。课间，我常找小瑞谈心，了解他的思想状况，及时消除其不合理的念想。一次，我看到了小瑞的图画本，发现他的画内容丰富，人物外表刚硬。见我在看他的图画本，他很高兴地向我介绍起来：具有杀伤力的爪子、黑白色、水与火……可以看出，每一个细节都是他内心世界的真实流露——爪子之类的武器装备虽然不是用来攻击的，但是极具攻击性，一旦被使用，杀伤力一定极强。白色代表光明，黑色代表黑暗，水火又是不能相容的。

---

① 钱志亮. 科学的早期教育［M］. 南京：南京出版社，2017.

我要做的，就是让他逐渐卸下这么重的"防卫装备"，使其内心强大。既然他喜欢画画，那就通过绘画疗法帮助他。我根据他的介绍不断地对他进行指导。现在他的画色彩丰富了，人物的线条柔和了很多。在表现全家福的那幅画中，他用一颗蓝宝石样的图案表示他有强大的超能量；另一幅图中，一个人背上插着很多刺，如他所说，像一只刺猬，内心却有许多发光的星星。

小姜常常黏着老师，还说喜欢跟老师在一起，却不知道自己已经给老师带来了很多麻烦。既然喜欢老师，就得让她知道什么样的行为才是真正的喜欢老师。有一次，她又自己走到了讲台上，我便让她观察整个教室的座位，让她比较四个大组的不同，让她知道应该待在自己的位置，她随便离开自己的位置，会影响大局的。也让她知道，由于她的随意，队伍常常会乱掉，影响了整个班级的形象。一次次的谈话，引导她坐在座位上，让她知道只要生活在一个集体中，就不用害怕。

小悦身上同样有不合理的想法，我常常会拉着她的手，跟她谈心，让她感觉到老师是爱她的，老师并不可怕；有什么想法就要大胆地表达出来，不要怕说错，说错了也不要紧，谁都会犯错，有错才会有成长；跟小伙伴一起玩是一件非常快乐的事情，课后要主动跟小伙伴交流玩耍。

2. 树立自信——发现自己的优点

孩子胆怯是因为没有强大的心理能量，要通过一定的干预，帮助他们发现自身的优点，为其提供获得成功的机会，给予其恰当的肯定和鼓励，从而使他们逐步树立起自信。

小悦妈妈介绍，小悦还没入学的时候就已经认识很多字了，妈妈平时工作比较忙，有时就通过书面留言的方式跟她进行交流，而开学后进行的书面练习证明，她的识字能力的确比较强。在两次单元检测中，她都是满分，虽然字写得不够工整，卷面也不够整洁，我还是给她发了表扬信，肯定了她取得的成绩，也提出了建议，还选她当了小组长。她也知道自己的识字量远远超过同学，渐渐地，课堂上可以看到她举起的小手了，她回答问题的声音明显提高了，脸上的笑容也比以前多了。

小瑞上课不喜欢抬头看黑板，总是埋头做自己的事，但是老师讲到哪里，他是知道的，所以，老师只要看到他坐得端端正正的，就及时表扬他。有一次，他作业练习的正确率很高，我给他发了一张表扬信，他非常开心，脸上露出了难得的笑容。再加上他的画色彩越来越丰富，经常得到我的肯定，渐渐地，他不再惦记自己和别人的矛盾，发生冲突的次数越来越少。

小姜的自信是从课堂的一次次发言开始的，经常得到鼓励之后，她举手的频率高了，声音响了，没有事就不再往办公室跑了。只要看到她有进步，我就及时向她竖起大拇指。如果课堂表现、排队纪律都很好，就奖励她在就餐时帮着分发牛奶之类的，她也非常乐意。现在的她已渐渐适应了小学的生活，不再觉得这个环境是陌生的，看到她的进步，就知道她的内心已经强大了不少。

3. 家校合力——用正确的方式爱孩子

客观地讲，这几个孩子的胆怯行为跟家庭教养方式也有一定关系。如果在孩子早期不能形成良好的亲子依恋关系，就会在孩子幼小的心灵投下亲情淡漠的阴影，使他们产生对人与社会的偏见。小悦的爸爸妈妈工作比较忙，很少有时间陪孩子，孩子显得孤独无助。我便建议小悦妈妈多带孩子参加一些集体活动。10月份，班级中一些家庭组织孩子到敬老院看望老人，小悦也去了，除了给老人们带去了慰问品，小悦还给老人们讲了一个故事，能够跟别人分享自己的阅读成果，她的内心一定是愉悦的。

据小姜妈妈说，小姜的外婆非常宠她，平时还经常喂她吃饭，且想什么时候吃就什么时候吃，生活十分随意。在幼儿园时她也黏老师，经常单独待在老师的办公室。现在孩子已经进入了小学，如果还沿袭这种习惯，对孩子的成长非常不利。要想让孩子独立自主，必须得到家长的支持。于是，我建议小姜妈妈定期参加学校的家校活动，学习家庭教育理念，家庭成员共同去除陋习，助小姜成长。现在，小姜的妈妈常常主动跟老师联系，了解孩子在学校的表现，也反映孩子在家里的情况。

小瑞用武力解决问题的习惯的形成也是因其受到了家庭的影响。当他犯了错误，我说要打电话给他家长，他就跟我急，死活不让打。原来他犯了错误之后，爸爸会揍他，打耳光、揪耳朵、踢屁股、跪板凳等惩罚，他都受过。虽然小瑞非常怕爸爸，却也知道要听爸爸的话，不记恨爸爸。只是长期对孩子进行打骂而不进行引导，必然会对孩子的行为产生负面影响，在孩子看来，武力可以征服别人。所以，我还是尽自己最大的力量对其进行干预。一天中午，小瑞发脾气，一口饭都没有吃，跟他谈过之后，他承认了自己的错误。我把这个情况向他妈妈反映了一下，建议她晚上早点给孩子准备晚餐，但是不要打孩子，要好好地跟孩子谈谈。本来他妈妈答应了，但第二天问孩子，他还是被罚跪了。所以，我想，等孩子进步很明显之后，要常常向他家长报喜，让他们了解到，不打骂，孩子会更阳光、更健康。

上述三个剖宫产儿童敏感、胆小、人际交往能力偏弱，这与其剖宫产生产方式有很大关联，当然，后天的家庭环境以及教养方式，也对孩子的心理产生了极大的影响。这在一定程度上说明了人产生胆怯心理的原因是多方面的，也是极其复杂的。在孩子的成长过程中，我们如果能及时地关注到孩子的情绪，及早地发现孩子的行为问题，并采取积极的行为干预，施以恰如其分的评价和反馈，孩子内心的力量便会逐步增强，胆怯心理也将逐步减退，他们在生活中也将一步一步地走到阳光地带。

三、后续跟踪

小悦、小姜、小瑞三个孩子同为2017级学生，当他们一起步入小学殿堂的大门时，胆怯的心理状态给他们自身的学习生活带来了困扰，也给老师和同学增添了不少麻烦。经过及时的干预，三个孩子在全体科任老师的关怀下，在家长的大力支持下，大胆地展示了各自的才干，胆怯心理已逐步消退。2020年1月，研究人员对这三个孩子的发展进行了一次评估。

1. 变得乐观坚强的小悦

小悦有着广泛的兴趣爱好。她热爱阅读，文化课成绩优异，考试常常名列前茅，是班上的小学霸，在举办的读书节查字典比赛中，她由于表现突出，代表班级参加了学校的决赛，不过，因为紧张，她在台上与搭档合作得还不太默契，最终只得了二等奖，没有发挥出她的最佳水平。她热爱弹钢琴，艺术节上，她穿着漂亮的礼服录制了精彩的视频，指尖在琴键上快乐地跳动着，她俨然成了一个小精灵。同学们目不转睛地盯着屏幕，一曲结束，大家纷纷向她投去赞许的目光。她略微害羞，却还算是比较大方地接受了同学们的掌声。

小悦还是义工联的一名小志愿者。她在妈妈的带领下，周末到敬老院为老人们洗脚、唱歌、讲故事；到烈士陵园纪念馆当"小小义务讲解员"；到爱心红亭子里给需要帮助的路人倒热水……"帮助他人、幸福自己""爱老敬老、崇尚美德"的行为使小悦成了同学们学习的榜样。2018年秋，小悦被学校评为美德少年，宣传海报上的她一脸灿烂的笑容，煞是可爱。她也是当之无愧的"幸福公益小天使"，且连续两年都被评为"三好学生"。

记得入学的第一学期，小悦遇见点事就哭鼻子，有一次，脖子上的领结坏了，她哭了好长时间；因为自理能力比较差，她常常找不到东西，还以为是身边的同学欺负她，也常常因此掉眼泪。上了二年级的她，不再轻易流眼泪了，2019年春季开学，她妈妈告诉我，小悦在春节期间被车子轧到了腿脚，需要给予特殊关照，按照医生和妈妈的意思，她最好在家中多休息几天。可是小悦不肯，她坚持要到学校上学。本来已经安排了两个女生下课搀扶她去上厕所，但她婉言拒绝了，说自己能行。由于恢复得比较慢，走起路来有点一瘸一拐的，体育老师不让她参加跑步。不过只过了两个星期，她硬是跟着队伍慢慢地往前跑起来了。小悦弱小的身躯下，却藏着一颗坚强的心。

不知道是不是剖宫产的原因，小悦的肢体协调能力一直比较差，走路的时候常常同手同脚，"一二一"齐步走的时候，这种情况尤其明显，她自己也很努力，可是练了好长时间，效果并不佳。暑期，她妈妈特地为她报了独轮车培训班，从她妈妈发的朋友圈可以看到，小悦还是挺感兴趣的，学习效果也是不错的，一个暑假下来，她的独轮车已经骑得很好了，手臂摆动得也很自如。现在放学的时候，老师已经可以很放心地请她做路队长了，举着班牌的她神气十足呢！

2. 变得活泼开朗的小姜

小姜从小依赖性就比较强，又有外婆的溺爱，所以整个一年级学习期间她的进步不是很大。

有一次，小姜抢了一个男生的笔，男生想把笔要回去，她不肯，一气之下就把笔摔到地上，笔断了，那个男生哪里肯让她，打了她一拳。虽然没有大碍，孩子也都互相道了歉，放学后，我还是向双方家长做了说明，以免节外生枝。可是小姜的外婆并没有等到孩子说出发生了什么事，就开始问小姜疼不疼，然后凶巴巴地说："他是怎么打你的？你也这样打过去。人家怎样打你的，你也怎样打他。"小姜已经认识到了自己的错误，并不肯动手。外婆很生气，拉着孩子的手往电瓶车那儿走，边走边说："今天他用拳头打你，如果他手上拿的是刀，是不是也就这样等着给他杀啊？"我还想再跟她好好谈谈，可是她已调转电瓶车，头也不回地走了。

其实，小姜这一整天都处于不耐烦之中，事后，我跟她妈妈进行了电话沟通，却因为妈妈工作比较忙，不能深入地交流。整个复习期间，没有安全感的小姜经常哭闹，不能把注意力集中在学习上，那个学期末，小姜的成绩并不理想。

小姜的妈妈大概也意识到了这样下去对孩子的发展不利，就尽量抽出更多的时间来陪孩子。二年级的时候，大家都感觉到小姜的状态有所好转，课上能安心地坐在凳子上跟其他同学一样认真听课了。当她有了安全感之后，她的才华渐渐显露了出来。虽是文气的小女孩，但她敲起架子鼓来可是巾帼不让须眉，手臂非常有力量，且肢体语言非常丰富。艺术节上，她的架子鼓表演最受欢迎，还代表班级参加了学校的展演。在体育运动会上，她参加了投掷铅球的项目，取得年级第三名的好成绩。她的画更是充满了灵气，曾多次参加绘画比赛，并都取得了不错的成绩，学期末，她被评为了"艺术小天使"。

现在就读三年级的小姜越来越懂事了，虽偶尔也有哭鼻子的情况，但只要老师提醒一句"老师不相信眼泪"，她马上就停止了呜咽。她学期末各科成绩也都是优秀。

3. 逐渐卸下防御的小瑞

小瑞是个非常敏感的孩子，常做出防御性攻击行为，从他内容丰富的画中就能很明显地看出来。听孩子奶奶反映，孩子经常被爸爸打骂，我找过他爸爸谈心，那是一个非常高大的年轻男子，我跟他交换了育儿心得，他也意识到了打骂给孩子树立了坏的榜样，决定听取我的建议，用科学的方法教育孩子。有一段时间，我听孩子谈到了他爸爸的友善，有些时候，他们能像朋友那样相处，孩子脸上也开始常常挂着笑容。

小瑞其实是个很聪明的孩子，只是有些时候爱耍小聪明。有一次，他竟索要同学小宏的贴画，去换取殷子带有蜘蛛侠图案的铅笔，一共换了三支，然后又拿其中一支去换取小宏的蓝色铅笔。这明显是不公平的交换，一个不起眼的贴画就换了三支铅笔，而这张贴画又是白要别人的。在后来的调查中，我知道了这样的不公平交换已经不是第一次发生了，每次都是他主动提出要求，如果不能满足他，他就会生气，他发怒的样子让人很害怕。蜘蛛侠是他崇拜的偶像，现在被他盯上了，自然要成为他的囊中之物。这样的行为已经带有欺凌的性质了，得严肃处理了。

本来我并不知道有这样的事情发生，因为小宏和殷子都是比较沉默寡言的孩子，平时从不跟同学发生争执，也不会向老师打小报告，即使遇到这样的事，他们也认了。没想到恶人先告状，小瑞自己向我报告了，他说自己的一支铅笔少了，是被小袁偷走的，因为他在小袁座位附近的地面上捡到了。事情变得有点复杂，在找小袁及其周围的同学进行谈话之后，我才知道了那支笔真正的主人是小宏，但是小瑞并不承认是他栽赃小袁的。

小瑞偷拿别人的东西、搞恶作剧也不是第一回了。之前，他就曾把一个男孩的水杯藏到其他班的教室里，也曾偷拿一个女生的手工珠子作品。经过教育之后，他承认了错误，保证下不为例，但好景不长，在他身上又发生了铅笔事件。这次放学后，我约请他爸爸一起处理这件事情，整个过程，他一直都很紧张，头上开始出汗，泪水已经在眼眶里打转。不过，他还是一口咬定那支笔是小袁拿的。因为那支笔被掰断了，小袁的力气并不是很大，我隐隐感觉到这事只有他做得出，但是他就是一个字——赖。我一时也没辙了，在一旁的小瑞爸爸很生气，跟他说了几句，然后就是一拳，这一拳正好打在小瑞肚子上，小瑞的脸色开始发白，随即走到垃圾桶旁边呕吐了起来。

就这一拳让我彻底看清了他家的教育模式。在小瑞家里，奶奶是里外一把手，家务劳动她全包了，接送孩子也基本由她负责，虽然即将步入花甲之年，但身材高大，看起来很硬朗。她之前一直在乡下老家干农活，现在住进县城，很少回乡了，空闲时便在城里做家政打零工，以补贴家用。小瑞的爸爸是家里的独子，也是从小惯养大的，现在是一名普通工人，而且只上夜班，白天以休息为主，醒着的时候玩玩手机。当孩子犯错误的时候，通常用武力解决，久而久之，孩子就不愿意跟他交流了。小瑞爸爸并不知道孩子敏感的性格特点，孩子的脆弱只被奶奶看到了。奶奶看到了孩子煞白的脸色，看到了孩子满头的大汗，听到了孩子夜里的呓语，心疼转变成了爱护。有了奶奶的呵护，孩子离父亲越来越远，却没能认识到自己的错误，之前的防御性攻击助长了他的气焰，他竟开始欺负起弱小的同学了。其实，从上一次跟他爸爸交谈之后，他爸爸已经在努力改变自己的教育方式了，只是小瑞不敢承认自己的错误，他又本能地挥起了拳头。

我看得出来他们全家都是很爱孩子的，只是各自采用的方式不同，使得教育效果为零，或者说是负向的。后来，我带小瑞做过一次沙盘，沙盘中一个刚刚做了坏事的熊正受到攻击，充满正义的蜘蛛侠却打不到他，因为他们之间站着一个大大的恐龙。多么形象啊，熊、蜘蛛侠、恐龙之间的关系不就是小瑞、爸爸、奶奶之间的关系吗？我恍然大悟，之后我跟他奶奶、爸爸交流了这次沙盘游戏反映出来的问题，他们也意识到了问题的根源所在。奶奶也决定不再纵容孙子，爸爸也保证要多引导孩子，尽量满足孩子的合理需求，他们的亲子关系逐渐得以修复。

后来，我发现小瑞爱上了看书，在"守护我的小天使"活动中，小瑞还制作了一张精美的贺卡，送给他悄悄守护着的同学。上了三年级之后，小瑞曾跟老师发生过一次冲突，老师找过他爸爸一次，之后，小瑞也就很本分地投入学习中去了，优秀自然就跟他交上了朋友。那个紧握拳头的标志性动作也没再出现。

小悦、小姜、小瑞同为剖宫产的孩子，胆怯心理影响着他们的成长，但是不同的家庭环境及教养方式，使得他们表现出不同的自我保护形式，然后又衍生出不同的行为习惯。小悦妈妈很快意识到了要帮助孩子走出沉默、孤独的生活世界，带孩子走进社会，助其发展特长，小悦也很快树立起了自信。而小姜由于外婆的溺爱，她的适应期相对长一些，不过，当妈妈肯花时间陪伴她之后，孩子大胆地展示着自己的才华，成了一个讨人喜欢的小姑娘。小瑞则因为在整个幼儿时期没有形成良性的亲子关系，隔代教养放纵了孩子的不良行为，使得孩子由防御性攻击发展成了主动攻击。随着亲子关系的改善，小瑞逐渐卸下了防御心理，攻击行为得到了遏制，爱上读书也使得他不断地汲取正能量，逐步发展成了一个品行端正的孩子。

案例 ⑫ "阳性强化法" 在矫正剖宫产儿童问题行为中的应用案例

本研究介绍了一名剖宫产儿童因行为不良导致其人际关系紧张的问题。通过日常观察与资料的收集整理，发现该生由于身体单薄，缺乏足够的自信，也缺少朋友，主要表现为坐姿非常随意，给人萎靡不振的感觉。经过与该生及其家长商量后，采用了阳性强化法对其进行行为矫正，同时充分发挥支持系统的作用。通过辅导，该生端正了行为，人显得非常精神，并且交到了好朋友。

一、基本情况

1. 身份信息

小鹏，男，8岁，二年级学生。剖宫产出生。父亲在外地打工，家中有一个刚满周岁的小妹妹，母亲在家照料着两个孩子，家族无精神病史。

2. 个人成长史

出生后身体单薄，容易感冒咳嗽。从小跟奶奶住在农村老家，奶奶干农活时，经常把小鹏带在身边，因此小鹏非常喜欢玩泥土，个性自由散漫。幼儿园三年都是在农村就读的，因其天真幼稚，老师对其采取放任的态度。一年前小鹏从农村来到县城上小学。入学后两个星期，检查出其患有哮喘性支气管炎，后经治疗身体痊愈。其祖父就有哮喘病，医生说这是一种具有遗传的慢性病，再加上剖宫产的孩子易患呼吸道疾病，即使当时痊愈了，长大后也容易复发。入学一年来，小鹏想跟同学们交朋友，看到同学们漂亮的文具、好玩的玩具，总要去摸一摸，可是同学们很讨厌他，不让他摸，还离他远远的。排队时，他总侧着身子，常常游离在队伍外面，虽经老师和同学的提醒，却总难以归到队伍中。上课时总喜欢把头搁在课桌上，两条腿伸到课桌外，做出无精打采的样子，遇到感兴趣的问题总喜欢脱口而出，会影响课堂纪律。吃饭时，不但喜欢把腿放到凳子上，还喜欢把勺子当玩具，去捣不喜欢吃的菜，别的同学提醒他，要么向别人做鬼脸，要么吐口水到别人的碗里或者把不吃的菜放到别的同学的碗里。经过老师的批评教育，他意识到要跟同学友好相处。

3. 精神和身体状态

精神状态：意识清晰，感知觉正常，思维逻辑正常，有表达的愿望，自知力完整。

身体状态：哮喘复发过一次，发作时觉得心里难受，经治疗后症状消失。

4. 社会功能状态

能按时上学、放学，及时完成老师布置的作业，喜欢看书，卷面书写不整洁，学习成绩一般，常常一个人玩，朋友少。

二、评估与诊断

1. 综合分析收集的临床资料，对心理、生理及社会功能状态进行评估

（1）精神状态：当感觉到自己被别人注视后，容易采取吐口水等恶心的行为表示不满，以达到心理上的满足。

（2）生理状态：有慢性支气管炎，发作时觉得心里难受，身体瘦弱，动作不够协调。

（3）学习与交往状态：智力正常，能按时完成学习任务，喜欢看书，书写卷面不够清晰，成绩一般；常常一个人玩，很少跟同学交流，也想交到朋友。

（4）寻找关键点：表层症状是交往不良，同学们不愿意跟他玩。根源在于其体质弱，形成了不良的坐、立、行姿势，并感觉到了同学们异样的眼光，产生了轻微的自卑心理，并以吐口水等行为进行自我保护。

2. 鉴别诊断

根据以上分析，判断出小鹏的问题属于行为问题，可从以下几个方面做鉴别诊断：

（1）小鹏虽然有哮喘病史，但并没有脑器质性病变，骨骼发育也完全正常。

（2）小鹏的主观世界与客观世界相统一，内在心理与身体活动保持一致，人格无明显异常。

（3）小鹏常常因为坐姿、站姿不当被老师点名提醒，随着年龄的增长，开始意识到在同学面前有点丢面子，自己想改，可是常常忘记，内心冲突是常态的。

（4）小鹏年龄还小，虽然行为不良，有轻微的自卑心理，但只是表现在被老师点名的时候和碗中有菜吃不下的时候，情绪并未泛化。

（5）小鹏因为行为不良，没有太多的朋友，人际交往不良，但是学习良好，没有受到明显的影响。

三、辅导方案与原理

根据以上收集到的资料与评估诊断，依据心理辅导目标的基本要素：具体、可行、积极、双方可以接受、属于心理学性质、可以评估、多层次统一等，同小鹏及其家长共同商定，确定了如下目标：

近期目标：使其养成良好的坐姿，提升其精神面貌，改善其人际关系。

终极目标：促进小鹏的心理健康和发展，充分挖掘他的自身潜能，达到人格完善，最终拥有健康、快乐的生活。

因为孩子存在的问题是由行为引发的人际交往问题和自卑心理，考虑到孩子的年龄特征，决定采用阳性强化法（也称"正强化法"或"积极强化法"，通过及时奖励目标行为，忽视或淡化异常行为，促进目标行为的产生），同时积极争取社会支持系统的支持。

行为主义理论认为人及动物的行为是后天习得的，是行为结果被强化的结果。如果想建立或保持某种行为，可以对该行为进行阳性刺激，即奖励，通过奖励强化该行为，从而促进该行为的产生和出现频率的提高，使行为得以产生或改变。此方法完全适用于出现行为问题的人，近年来大多应用于儿童行为问题矫治上。

社会支持系统对于个体对事件的实际反应会起到增益或者消解的作用，所以必须考虑到小鹏所处的社会（主要是家庭、学校）支持系统对其的影响。

四、辅导过程

第一次（2015年9月26日）

1. 目的

（1）了解基本情况。

（2）确定主要问题，探寻改变意愿。

（3）共同协商辅导目标，进行辅导分析。

2. 方法

会谈。

3. 过程

（1）询问基本情况，了解小鹏成长过程中发生的事件。

（2）与小鹏及妈妈进行交谈，收集相关资料，探寻其心理矛盾及其改变意愿。

（3）确定辅导目标。

（4）进行认知干预，让小鹏意识到自己交不到朋友的主要原因是自己身上有许多不良的行为。当然在老师的帮助下，他已经改掉了许多坏习惯。现在要想在同学们的心目中树立良好的形象，最主要的是要养成良好的坐、立、行习惯，做到精神饱满，让同学们乐意跟自己交朋友。

（5）通过与小鹏及其妈妈协商，准备运用行为疗法中的阳性强化法对其进行行为矫正。

（6）布置作业：思考有哪些不良坐、立、行姿势影响了自己的形象。

第二次（2015年10月10日）

1. 目的

（1）进行认知干预，确定目标行为。

（2）商定行为改变观察记录表，确定强化物。

2. 方法

阳性强化法。

3. 过程

（1）作业反馈，对自己正确的评价及时给予肯定。

（2）找到主要问题，即坐姿存在的问题最明显，主要体现在：身体常常侧着，头偏向一边，有时候会趴在桌上，喜欢把脚放到凳子上。在家吃饭的时候，还喜欢端着碗到处走，看书时喜欢把书带到床上，趴着看书。而在一天当中，坐着的时间最长，经过商定，决定从坐姿的改变开始。

（3）观察正确的坐姿图，说说看了图上的小朋友，自己想在坐姿方面达到什么样的水平，自己也学着坐端正。

（4）通过观察，发现小鹏保持正确坐姿的时间不超过一分钟，于是，提出明确要求，坐在凳子上专心读书三分钟，如果中途姿势改变，重新计时。经过几次重复，终于达到了要求。

（5）结合妈妈的反映，共同商定坐姿观察记录表。表格内容如下（表4-3-9）。

表4-3-9 小鹏在家日常坐姿观察记录表

2015年10月10日至10月16日

内容 时间	吃饭			读书写字			坐姿练习	总评
	不侧着身体	双脚不放到凳面上	双手扶着碗	不侧着身体	双脚不放到凳面上	不趴在床上看书	按照读书"三个一"的要求坚持三分钟	
周六								
周日								
周一								
周二								

内容＼时间	吃饭			读书写字			坐姿练习	总评
	不侧着身体	双脚不放到凳面上	双手扶着碗	不侧着身体	双脚不放到凳面上	不趴在床上看书	按照读书"三个一"的要求坚持三分钟	
周三								
周四								
周五								

备注：（1）每次提醒不超过4次就算达到要求，并在相应的项目下面打"√"，每打一个"√"，就能得1分，每天进行一次统计，每天得到5分，就可以换一颗"★"。如果一个星期有5天得"★"，就进行奖励。

（2）烦请家长每天坚持观察督促并进行评价，当天满5分就在"总评"栏打"★"，不满5分就填写实际得分。

（6）确定阳性强化物。遵照孩子的意愿，平时达到要求就以画五角星为奖励，一个星期都能达到要求，周末就可以跟妈妈去公园玩。

（7）妈妈对照表格检查，对孩子进行评价。

第三次（2015年10月17日）

1. 目的

进行系统的行为干预，根据小鹏的行为改变情况，逐步提高坐姿要求，最终达到头正、身直、脚放平的标准。

2. 方法

阳性强化法、代币法。

3. 过程

（1）反馈观察记录表评价情况。通过妈妈的反映，经过一个星期的练习，小鹏已经能做到平时不把脚放在凳子上了。其他方面虽有进步，但每天还要提醒好几次，不能每天都得到五角星，所以周末没能带他去公园玩。通过不断训练，保证了每天有连续的三分钟是保持正确坐姿的。

（2）进行正确坐姿的强化练习，要求：坐在凳子上专心读书四分钟，如果中途姿势改变，则重新计时。

（3）根据观察到的情况，并结合一周的表现，共同修订坐姿观察记录表。把"双脚不放到凳面上"改为"不晃腿"，原先按照读书"三个一"的要求坚持三分钟，调整为坚持四分钟。达到要求，及时打钩，每天的得分符合要求就奖励五角星。

第四次（2015年10月24日）

1. 目的

进行系统的行为干预，根据小鹏的行为改变情况，逐步提高对其的坐姿要求，最终达到头正、身直、脚放平的标准。

2. 方法

阳性强化法、代币法。

3. 过程

（1）反馈观察记录表评价情况。经过一个星期的练习，小鹏已经有了明显的进步，需要家长提醒的次数减少了，每天都可以得到五角星，所以妈妈周末带他去公园玩了半天。读书写字时头不再歪着了，每天连续保持正确坐姿进行读书的时间也超过了四分钟。

（2）进行正确坐姿的强化训练，要求：坐在凳子上专心读书五分钟，如果中途姿势改变，则重新计时。

（3）根据观察到的情况，并结合一周的表现，再次修订坐姿观察记录表。把读书写字时的"不晃腿"改为"头摆正"，原先按照读书"三个一"的要求坚持四分钟，调整为坚持六分钟。其他内容和要求不变。

第五次（2015年10月31日）

1. 目的

进行系统的行为干预，根据小鹏的行为改变情况，逐步提高对其的坐姿要求，最终达到头正、身直、脚放平的标准。

2. 方法

阳性强化法、代币法。

3. 过程

（1）反馈观察记录表评价情况。经过一段时间的练习，小鹏已经不再侧着身体了，读书写字时头不再歪着了，脚也能一直放地上了，不再趴在床上看书了。每天连续保持正确坐姿读书的时间也超过了六分钟。不过吃饭的时候还有晃腿的现象，身体虽然不再侧着了，但常常不自觉地弓着。在学校里，因为上课坐得正，还被老师表扬，开始有同学跟他一起玩了，他觉得很开心。

（2）进行正确坐姿的强化训练，要求：坐在凳子上专心读书十分钟，如果中途姿势改变，则重新计时。

（3）修订坐姿观察记录表。把"不侧着身体"改为"不弓着身体"，把读书写字时的"不晃腿"改为"头摆正"，把"不趴在床上看书"改成"脚放平"，原先按照读书"三个一"的要求坚持六分钟，调整为坚持十分钟。提醒家长及时进行评价。

第六次（2015年11月7日）

1. 目的

进行系统的行为干预，根据小鹏的行为改变情况，逐步提高对其的坐姿要求，最终达到头正、身直、脚放平的标准。

2. 方法

阳性强化法、代币法。

3. 过程

反馈观察记录表评价情况，并进行正确坐姿的强化训练，设计新的观察记录表（表4-3-10）：

表4-3-10 小鹏在家日常坐姿观察记录表

2015年11月7日至11月13日

内容 时间	吃饭			读书写字			坐姿练习	总评
	背挺直	腰挺直	不晃腿	背挺直	脚放平	腿并拢	按照"三个一"的要求坚持课外阅读二十分钟	
周六								
周日								
周一								

时间＼内容	吃饭			读书写字			坐姿练习	总评
	背挺直	腰挺直	不晃腿	背挺直	脚放平	腿并拢	按照"三个一"的要求坚持课外阅读二十分钟	
周二								
周三								
周四								
周五								

备注：（1）每次提醒不超过4次就算达到要求，并在相应的项目下面打"√"，每打一个"√"，就能得1分，每天进行一次统计，每天得到5分，就可以换一颗"★"。如果一个星期有5天得"★"就进行奖励。

（2）提醒家长每天坚持观察督促，并进行评价，当天满5分，就在"总评"栏打"★"，不满5分就填写实际得分。

第七次（2015年11月14日）

1. 目的

进行系统的行为干预，根据小鹏的行为改变情况，逐步提高对其的坐姿要求，最终达到头正、身直、脚放平的标准。

2. 方法

阳性强化法、代币法。

3. 过程

（1）反馈观察记录表评价情况：交流上周计划实施情况。根据家长的讲述，现在阅读课外书时，小鹏能按照背挺直、脚放平、腿并拢的要求坚持大约三十分钟，只需偶尔提醒一下。在学校，老师也表扬他上课坐得端正。

（2）总结进步。通过总结，小鹏知道了自己其实也可以挺直腰板，做一个小帅哥。只要自己不搞恶作剧，就能让同学们愿意跟自己玩。

（3）讨论努力的方向。小鹏说，自己还要不断提醒自己，站立、行走都要有精神。希望通过自己的努力，不断得到老师的表扬，赢得同学的认可，也不再让妈妈操心。

（3）向小鹏说明，在前期辅导的过程中，妈妈每天都对他的坐姿进行评价，非常辛苦。现在已经不需要妈妈频繁提醒了，以后就不用每天进行打分了，如果表现好，妈妈可以通过拥抱等其他形式进行适当的奖励。

（4）向妈妈提建议，以后想让孩子养成其他良好的习惯，也可以采用阳性强化法，孩子表现得好，及时进行奖励。奖励的方法多种多样，可以给孩子买喜欢的东西，可以带孩子参加喜欢的活动，也可以说表扬的话、鼓励的话。

（5）结束辅导活动。

五、效果跟踪与评估

1. 小鹏自我评价

"我现在读书写字的时候身子能挺直了，脚也能平放在地上，不再晃腿了。""老师还经常表扬我，说我现在变得懂事了，上课能认真听讲，排队也能站直了。""现在有很多小朋友愿意跟我玩，我觉得很开心。"

2. 家长评价

"孩子现在吃饭的时候不再端着碗到处乱跑了；看书的时候也能坐得住了，读写姿势基本正确，很少需要提醒。""老师反映，现在进步非常明显，不再听到有小朋友打他的小报告了，下课后，还常常看到几个孩子带着他一起玩。"

3. 老师的观察与评定

孩子从一开始的一分钟都不能坐好，到现在能保持正确的姿势半个小时左右，效果很明显。一方面，是因为妈妈每天都进行及时的鼓励与评价；另一方面，也与孩子自己坚持不懈的努力有关。有了这种毅力，相信小鹏在站立、行走方面同样能做得很好。良好的形象为他带来的是自信心的增强，在老师的鼓励和同学的陪伴下，小鹏一定能健康地成长。

教育无处不风景

我很高兴，在"儿童立场"呼声越来越高的教育改革大潮中，在研究视角从"群体儿童"转向"儿童个体"的过程中，我找到了这样一个神奇、独特而又富有挑战性的研究课题——"剖宫产儿童学习关怀的实证研究"。

我是一名教师，没有学过医学；我是一个男人，无法亲身体会生孩子的苦痛。然而，我却毫不犹豫地坚持做这项研究，原因只有一个，那就是想要真真正正地把我们的教育对象当成鲜活的、独一无二的生命体来看待。而每一个生命体从孕育的那一天起，就经历着种种与众不同的事情，这些不同的历程造就了个体的独特性，每个个体都会遵循成长规律、被一种无形的力量控制着行走在自己的"跑道"上。我认为，那种符合教育规律、贴近儿童本性、回归生命本真、具有个体指向性的教育才是最好的教育，只有不断解开神奇的"生命密码"，我们才能逐步接近教育的本真。

当越来越多的人开始关注我们的研究，认可我们的行动，给我们加油鼓劲时；当看到越来越多的老师和家长能够冷静、客观地看待剖宫产这一生产方式，尤其是面对孩子身上出现的一些并不理想的行为表现，能给予充分的尊重、理解、包容，并付诸积极的关怀行动时；当看到一个个天真活泼的孩子在大人的悉心呵护和陪伴下，幸福成长时……我的内心充满了温暖，一种成就感油然而生。

然而，更多的时候，我们是困惑多于收获、困难大于成绩的。毕竟这项研究难度很大，"隐蔽性"很强，需要医学、现象学、生命科学、教育学科等众多理论的支持，而这众多领域对我来说几乎都是一片空白，我渴望得到强大的技术援助。令人欣慰的是，在我们困惑迷茫时，总有"贵人"相助。

感谢北京师范大学钱志亮教授，全程给我们提供了坚强有力的理论和实践支持，包括本书中引用的理论，也以钱志亮教授的居多。他多次亲临学校指导，给课题组老师进行专业辅导，对观察记录逐个进行归因分析与研究。与钱教授的每一次相遇，都能让我们"眼界大开"。记得一位老师就自家剖宫产的孩子上三年级了还有严重的啃指甲现象进行咨询时，钱教授给出的答案完全出乎我们的意料："母乳喂养太少，断奶过早！"哈哈！

感谢江苏省教育科学规划领导小组办公室的彭钢研究员，感谢江苏省教科院的马维娜教授、宗锦莲博士，他们在初次听到我要做这个研究时，就十分坚定地支持我，甚至鼓励我申报全国教育科学规划课题。在我一味地想"做大做强"，力求从宏观层面上做大数据分析、做群体研究时，他们又中肯地建议我回到学校情境中，回到儿童个体上，聚焦"这一个"做个案研究。他们勉励我："无论遇到多大困难，都要坚持做下去，哪怕全世界只有一个剖宫产孩子，这个课题的意义同样重要。"

感谢海安市中医院妇产科主任医师冯骐女士。作为身边的医学专家，她为我们释疑解答很多次，特别是在向我们推介剖宫产手术及术后康复等医学方面的研究成果这件事上。

感谢海安市第二实验幼儿园、海安市城南实验小学教师团队，正是这批忠实的"铁杆粉丝"，认认真真、踏踏实实、一往无前地参与调研、跟踪、实践、总结等研究活动，才保证了课题研究的顺利推进。

最感谢的还是那些跟我们朝夕相处的剖宫产儿童。俗话说："每个孩子都是降落人间的天使！"他们的"结伴"同行，让我们的教育生活多了一些波澜，让我们对自己的教育行动燃起更多的热情，为我们的教育思考增添几分色彩，为我们的教育智慧添些许活性，而用智慧的研究带领孩子们幸福地成长，这是教育的大境界。

回首来路，我们信心满满，收获满满。但是，还有很多忐忑，很多疑问，很多"无解"。例如，医学专家认为，儿童过敏性疾病具有"不可逆"

特点，剖宫产的孩子10岁以后有些差异就会减小，可在我们跟高三毕业班老师交流时，他们反映，高三学生身上也有一些"剖宫产现象"。又如，顺产儿童身上也有感统失调、触觉防御、本体感觉失调、好动多动等问题存在，有些还比较明显，这是哪些因素造成的？不同的群体，同样的表现，背后隐藏着怎样的奥秘？还有，很多人一直有这样的疑问："与顺产儿童相比，剖宫产儿童有没有什么特别的优势？"这些都有待于通过未来的研究给出答案。

总的说来，人的发展是教育永恒的主题。而人作为自然界经过亿万年进化而来的生命体，有着太多的"神秘未知"，只有基于儿童个体生命的独特性，又努力揭示这种独特性，不断地解开神奇的"生命密码"，我们才能逐步接近教育的本真，才会真正把学生看成是与众不同的"小宇宙"，也才会真正地实现走向个体的教育转变。

教育无处不风景。只要保持一颗敏锐的心，尊重儿童，敬畏科学，相信自己，勇于实践，就能开拓出崭新的教育天地。

许卫兵